o  e o dilema da representação
os deputados federais **política**
são representantes
de quem?

Paulo Roberto Figueira Leal

o PT e o dilema da representação política
os deputados federais são representantes de quem?

ISBN 85-225-0502-0

Copyright © Paulo Roberto Figueira Leal

Direitos desta edição reservados à
EDITORA FGV
Praia de Botafogo, 190 — 14º andar
22250-900 — Rio de Janeiro, RJ — Brasil
Tels.: 0800-21-7777 — 21-2559-5543
Fax: 21-2559-5532
e-mail: editora@fgv.br — pedidoseditora@fgv.br
web site: www.editora.fgv.br

Impresso no Brasil / *Printed in Brazil*

Todos os direitos reservados. A reprodução não autorizada desta publicação, no todo ou em parte, constitui violação do copyright (Lei nº 5.988).

Os conceitos emitidos neste livro são de inteira responsabilidade do autor.

1ª edição — 2005

Revisão de originais: Maria Lucia Leão Velloso de Magalhães

Revisão: Fatima Caroni e Mauro Pinto de Faria

Capa: aspecto:design

Foto de capa: Congresso Nacional em Brasília, gentilmente cedida por Takeshi Gondo.

Ficha catalográfica elaborada pela Biblioteca
Mario Henrique Simonsen/FGV

Leal, Paulo Roberto Figueira, 1969-
    O PT e o dilema da representação política : os deputados federais são representantes de quem? — Rio de Janeiro : Editora FGV, 2005.
    128p.

   Inclui bibliografia.

   1. Partido dos Trabalhadores (Brasil). I. Fundação Getulio Vargas. II. Título.

CDD — 329.981

Sumário

Agradecimentos	7

Apresentação	9

Introdução	11

Capítulo 1
O PT e a nova ambiência eleitoral	15

Capítulo 2
Ciclos de enfoques paradigmáticos sobre o PT	37

Capítulo 3
O arcabouço institucional petista	55

Capítulo 4
Princípios e práticas hegemônicas na bancada petista	71

Capítulo 5
As opiniões dos deputados sobre o problema da representação	91

Conclusão	111

Referências bibliográficas	117

Agradecimentos

A tese de doutorado em ciência política que defendi em 2003 no Instituto Universitário de Pesquisas do Rio de Janeiro (Iuperj) serviu de base ao texto apresentado neste livro, em versão modificada. Agradeço aos membros da banca que avaliou a tese — professores Jairo Nicolau, Fabiano Santos, Renato Lessa, Karina Kuschnir e Ingrid Sarti — pelas pertinentes críticas e sugestões, muitas das quais aqui incorporadas.

Ao professor Jairo Nicolau, meu orientador nos programas de mestrado e doutorado, devo um obrigado especial. Mais do que um orientador zeloso e competente, mais do que um pesquisador de primeiro nível, Jairo é portador de excepcionais qualidades humanas. Num mundo acadêmico freqüentemente marcado por vaidade e auto-interesse, Jairo provou-me que as virtudes do intelecto e do caráter podem perfeitamente conviver.

Ao lado de Jairo, os queridos amigos do Iuperj — companheiros de jornada como alunos, funcionários ou professores — fizeram-me crer, cada dia mais, na possibilidade de sucesso deste país. Uma nação capaz de produzir gente como essa que conheci no velho casarão de Botafogo só pode aspirar a um futuro melhor.

Por fim — ou, mais propriamente, de início e em primeiro lugar —, devo agradecimentos a minha família, sobretudo a Márcia, minha esposa, e a Paula e Heider, meus pais. Foi a eles que negligenciei momentos de convívio para escrever a tese que agora se transforma em livro. Foram eles que me deram inestimável apoio nos momentos mais difíceis. Devo a eles a conclusão deste trabalho.

Apresentação

A presente obra que tenho a honra de apresentar ao público — *O PT e o dilema da representação política: os deputados federais são representantes de quem?* —, de autoria de Paulo Roberto Figueira Leal, constitui um marco nas análises a respeito do sistema político brasileiro e dos partidos que o integram. Sua importância é ressaltada pelo tema escolhido: a questão da representação no Partido dos Trabalhadores (PT). Tal enfoque se justifica na trajetória histórica do PT, que sempre buscou grande interlocução com a sociedade civil e condicionou sua atuação na esfera parlamentar a esse princípio.

O autor procura construir sua análise sobre o PT fundamentando-a na forma pela qual se dá a mediação entre os objetivos individuais dos parlamentares e a representação da instância partidária. Nessa perspectiva está inserido também o desejo de obter sucesso eleitoral e manter a continuidade dos mandatos — dilema que percorre a história do partido, sua vocação coletiva e a construção das carreiras políticas individuais, e que tem neste estudo uma abordagem inteligente e inovadora.

Ao escolher a bancada de deputados federais como o núcleo de sua análise, o autor pauta seu trabalho por forte base empírica, que o capacita a explicar de maneira inovadora seu objeto de estudo. Além disso, este livro aborda a literatura mais qualificada sobre o surgimento e a consolidação do PT como partido de expressão nacional, ou seja, os trabalhos acerca da inovação petista, dos sucessos eleitorais iniciais, dos dilemas oriundos de sua crescente inserção institucional e os reflexos disso na construção identitária do partido.

A análise da "complexa teia de fidelidades" é outro ponto de relevo deste trabalho. A partir da aplicação de questionários foi obtido um importante panorama das concepções e práticas dos deputados petistas sobre seu exercício parlamentar e os dilemas comuns à representação. Os dados apontam uma característica da representação dos parlamentares do PT: um mandato de serviços voltado para uma organização e, não, para o atendimento de demandas individuais.

A pesquisa, porém, não se limita aos questionários e busca também, por meios qualitativos, compreender a relação do parlamentar com sua base, o Congresso, e a instituição partidária. Os resultados derivados desses dois instrumentos permitem afirmar que o mandato é eminentemente partidário, sendo a fidelidade partidária e o fechamento de questão elementos importantes para a organização partidária. Por outro lado, a pesquisa também constata que, para a maioria dos parlamentares, o desempenho eleitoral resulta de suas ações individuais, havendo equilíbrio entre a figura do político e a estrutura partidária na construção de resultados eleitorais positivos.

Em resumo, cabe registrar a importância desta obra num momento em que o PT exerce a presidência da República. A construção de uma estrutura partidária num contexto de oposição aos governos passados se alterou em função da dinâmica do exercício da administração federal. Assim, as opções ideológicas de outrora se confrontam com os imperativos da realidade política. A leitura deste livro oferece subsídios mais que concretos para a compreensão presente e futura do papel do PT na vida política brasileira.

Vicente Riccio
pesquisador da FGV/Ebape e doutor pelo Iuperj

Introdução

Dia 22 de junho de 2004. Plenário da Câmara dos Deputados. Em pauta, a segunda e decisiva votação dos deputados federais para definir o valor do salário mínimo. Esperava-se que o voto da bancada do Partido dos Trabalhadores apresentasse baixo índice de coesão — talvez um dos mais baixos da história do partido. Semanas antes, pelo menos 26 deputados do PT haviam chegado a anunciar publicamente que não pretendiam apoiar o salário mínimo de R$260 definido pelo governo Lula.[1] Na primeira votação na Câmara, em 2 de junho, cinco petistas haviam votado a favor da emenda do PFL e cinco optado por se abster. No Senado, em 17 de junho, três senadores petistas ajudaram a oposição a derrubar naquela Casa a proposta do governo.

Encerrada a segunda votação na Câmara, constatou-se que nove deputados petistas haviam votado contra a proposta do governo e três se haviam abstido, posicionando-se contra a decisão da executiva do Diretório Nacional de fechar questão a favor dos R$260. Mais do que mera divergência pública entre parlamentares vinculados a diferentes correntes petistas, o episódio ilustrava uma questão premente para a contemporaneidade brasileira: conseguirá o PT, que historicamente se caracterizou por forte unidade partidária nas votações no Congresso Nacional brasileiro, conciliar as necessidades do governo com os projetos históricos do partido? Conseguirá o PT manter-se unido depois de, pela primeira vez, os parlamentares petistas se verem sistematicamente obrigados a votar contra as posições defendidas por suas bases eleitorais?

---

[1] *O Globo,* 27 maio 2004, p. 5.

O caso Waldomiro Diniz e a crise (dentro e fora do PT) que a ele se seguiu, a expulsão de uma senadora e de dois deputados petistas que se opuseram a reformas constitucionais, as agruras de um governo com dificuldades para chegar a consenso na defesa da política econômica na base parlamentar do próprio partido — no correr dos dois primeiros anos de mandato do presidente Luiz Inácio Lula da Silva não faltam episódios para demonstrar que as relações entre o governo petista e segmentos do Partido dos Trabalhadores, especialmente a parcela mais à esquerda da bancada na Câmara dos Deputados, comportam graus de tensão bastante significativos.

Há analistas e militantes que antevêem tal nível de aprofundamento dessas tensões que não se descarta a possibilidade de uma cisão partidária. Defecções de quadros importantes do PT já foram produzidas nos primeiros meses de governo e podem se intensificar após as eleições municipais de 2004. A realização ou não desses prognósticos parece depender de uma série de variáveis cuja antecipação neste momento é impossível. O certo, contudo, é que governo e partido — sobretudo parcelas da bancada congressual — divergem quanto aos rumos a serem dados ao país.

Qual a origem dessa divergência? Não é possível responder a essa questão sem enfocar as concepções de representação política e as idiossincrasias históricas das bancadas parlamentares petistas. Especificidades que se manifestam também na atual legislatura, em que o PT não só é o partido do governo como também constitui a maior bancada da Câmara dos Deputados.

"*Atraídos pelo poder, deputados abrem temporada de troca de partido — governistas calculam que 51 dos 513 eleitos irão para legendas aliadas*".[2] Com este título principal de página interna, um jornal carioca de influência nacional anunciava já em janeiro de 2003 que legendas aliadas ao PT no governo Lula — PTB, PL, PPS, PSB e PV, entre outros — poderiam agregar às suas bancadas dezenas de deputados eleitos por outros partidos, o que efetivamente se consumou: apenas na semana anterior à posse dos eleitos, 31 deputados já haviam trocado de partido e, no dia 1º de fevereiro, o total de mudanças já chegava a 34.[3]

A migração partidária, antes ou durante o mandato, tem sido prática corriqueira no Congresso Nacional por várias legislaturas, como demonstram numerosos trabalhos acadêmicos.[4] A notícia acima, quando publicada, surpreendeu por outro motivo: o partido do governo não recebera a adesão de nenhum deputado eleito por qualquer outra sigla. Tal fato era profundamente dissonante, se comparado ao inchaço dos partidos governistas que antecederam o PT. O partido — centro do novo governo, eixo a partir do qual se construíra a aliança vitoriosa em torno de Lula e legenda com a maior bancada na nova Câmara dos Deputados — não fora o destino escolhido pelos parlamentares migrantes.

---

[2] *O Globo*, 19 jan. 2003, p. 4.
[3] *O Globo*, 1 fev. 2003, p. 9.
[4] Um dos trabalhos que revelam a intensidade dessa prática, que em média alcançou 30% dos deputados eleitos nas últimas quatro legislaturas, é o de Carlos Ranulfo Felix de Mello (2000:209).

A referida reportagem sugeria que a inexistência de filiações ao PT poderia ser explicada por dois motivos: a dificuldade do partido em alterar seus rígidos critérios para receber adesões e a resistência dos deputados a se filiarem a uma organização que lhes imporia controles e custos inexistentes em outras siglas — por exemplo, a contribuição financeira obrigatória de quase um quarto de seus salários.

A notícia era instigante por sinalizar que, distintamente de outros partidos que ocuparam a presidência da República ou foram majoritários nas casas do Congresso Nacional, o PT apresentaria singularidades em sua capacidade de atração de novos parlamentares e continuaria impondo específico ônus e exclusivo bônus a seus integrantes.

O objetivo deste livro é exatamente compreender melhor os valores e a atuação da bancada petista na Câmara dos Deputados. Como se normatiza e se efetiva a relação dos parlamentares com o partido? Em que medida outras instâncias partidárias interferem nas decisões da bancada, e o que os deputados acham do nível de autonomia decisória de que dispõem? Como eles concebem a tarefa representativa nas relações com os múltiplos atores envolvidos no processo político-eleitoral — bases eleitorais, movimentos sociais, partido, tendências internas? Qual o peso do partido na eleição de cada parlamentar? Como, na prática, eles estruturam seus mandatos e investem seu tempo e recursos legislativos? Quais as suas estratégias individuais de maximização eleitoral?

Enfim, como explicar as idiossincrasias na atuação da bancada federal do PT sugeridas pela notícia do jornal e apontadas por outros tantos trabalhos acadêmicos é a questão a ser aqui esclarecida, pelo menos parcialmente. Diante desse desafio, uma nova pergunta se apresenta. A quem representam os deputados petistas? Numa arena na qual distintos personagens aparecem como atores relevantes — partido, tendências, eleitores, movimentos sociais —, que relações estes estabelecem com os deputados?

Para tentar responder a esse questionamento, o principal instrumento de coleta de subsídios foi uma pesquisa realizada no final de 2002 junto à bancada petista na Câmara dos Deputados, da qual participaram mais de 80% dos deputados da legislatura 1999-2002, e que tratou das concepções sobre representação política e das prioridades na organização dos mandatos, além de coletar as opiniões dos parlamentares sobre suas relações com o partido e com outros atores sociais.

Serão apresentados resumidamente, no primeiro capítulo, os principais temas abordados nos capítulos subseqüentes, salientando-se as características das disputas eleitorais contemporâneas e seus impactos nos debates e nas estratégias eleitorais petistas.

O capítulo 2 abordará os principais eixos temáticos a partir dos quais o Partido dos Trabalhadores vem sendo estudado, tentanto incorporar à revisão bibliográfica trabalhos produzidos sobre o PT por outras áreas do conhecimento que não apenas a ciência política — por exemplo, estudos provenientes da geografia, do direito e da história.

O capítulo 3 analisa o conjunto de regras e normatizações petistas sobre o problema da representação política e, mais especificamente, sobre a relação entre bancadas parlamentares e partido.

Os capítulos 4 e 5 apresentam os resultados da pesquisa realizada com os deputados em novembro e dezembro de 2002.

Capítulo 1

O PT e a nova ambiência eleitoral

A agenda de análises sobre o PT

O Partido dos Trabalhadores, a mais estudada agremiação partidária brasileira,[5] merece atenção por variados motivos. O nascimento do partido é usualmente ressaltado em razão de sua forte inserção nos movimentos sociais organizados — estabelecendo vínculos que potencializam o papel desses setores como atores políticos relevantes na cena brasileira —, de suas práticas organizativas e mecanismos de funcionamento interno profundamente dissonantes em relação à tradição partidária nacional e de sua origem em bases sociais distintas daquelas que sustentaram a esmagadora maioria das outras agremiações.

Os estudos acadêmicos produzidos nos primeiros anos de vida do PT sobre os aspectos positivos da especificidade petista foram sucedidos, sobretudo a partir do final dos anos 1980, por uma segunda onda temática: a avaliação dos primeiros governos petistas, com todos os desafios e dilemas que cresciam à medida que o partido conquistava maior relevância eleitoral e institucional. Vários artigos e publicações passaram a tratar dos riscos de descaracterização do projeto ideológico original, dos conflitos entre as administrações petistas e a base partidária, das mudanças ocorridas com o partido e das incongruências ideológicas reveladas pelas tensões internas e di-

---

[5] O banco de dados bibliográficos Data Índice, que cobre 70 revistas científicas brasileiras da área das ciências sociais, registrava, em janeiro de 2003, 17 artigos em consulta a partir do nome Partido dos Trabalhadores, contra 15 da segunda agremiação mais citada — o PCB.

visões. Essas análises se acentuaram a partir da constatação de que o pequeno partido fundado em 1980 se consolidava como a maior agremiação de esquerda do Brasil.

Diversas são as facetas que levaram o PT a se converter em foco preferencial não só de análises de trabalhos acadêmicos, mas também de abordagens sistemáticas dos meios de comunicação de massa. Como revelam várias pesquisas nacionais realizadas nos últimos anos,[6] a legenda é a que mais recebe menções como a preferida dos eleitores, do mesmo modo que também se situa entre as mais rejeitadas, fato notoriamente verificável nos muitos segundos turnos em que o partido foi derrotado, ao longo de sua história, em disputas majoritárias.

O PT vem se constituindo em elemento de polarização das mais importantes disputas nacionais e estaduais — fato por si só suficiente para justificar o destaque (negativo ou positivo) que a mídia dá ao partido. Exemplos não faltam: comportamentos e práticas petistas em desacordo com a expectativa da opinião pública — desde, por exemplo, a não-participação no Colégio Eleitoral em 1985 — têm gerado fatos atrativos do ponto de vista jornalístico. Como dizem os profissionais de imprensa, notícia é quando o homem morde o cachorro, não o contrário.

Desse modo, seja porque o PT tenha de fato contribuído com posturas novas na política brasileira, seja porque eventuais desacordos entre discurso e prática sejam mais intensamente percebidos em partidos que, como ele, têm imagem pública consolidada,[7] a constatação indiscutível é que o PT galvanizou boa parte da discussão política brasileira nas duas últimas décadas.

Paradigmas conflitantes

A questão que nos interessa no momento, contudo, é menos superficial do que a simples constatação da presença do PT nos estudos políticos e na cena eleitoral brasileira. Mais do que a imagem final do PT que resulta dessas análises feitas pela academia, pela mídia e, de modo geral, pela opinião pública, o ponto que pretendo abordar é anterior: a partir de que paradigmas teóricos a maior parte dos estudos discute o Partido dos Trabalhadores? Em outras palavras, que lentes são as mais usadas para enxergar os sucessos e os fracassos do partido? É óbvio que essas lentes, em grande medida, estabelecem endogenamente critérios próprios sobre o que sejam sucessos e fracassos, erros e acertos.

---

[6] Pesquisa divulgada pelo Ibope no final de abril de 2004 aponta o partido como o líder de preferência (23%) e de rejeição (18%). Quadro similar é apresentado por Jorge Almeida (1996:60), que relata a evolução da preferência partidária no ano de 1994. Mesmo naquela disputa presidencial, que representou proporcionalmente a maior derrota petista, o PT era o partido preferido do eleitorado (entre 10 e 14% naquele ano) e também o mais rejeitado (entre 14 e 18%).

[7] Ver Pizzorno, 1981:270.

Muito da imagem do PT, tanto para seus estudiosos quanto para a opinião pública, remete-se a essa questão. Sendo ele um partido que nasceu sob corte ideológico, programático, socialista (apesar de o socialismo petista nunca ter sido um projeto político claro nem coeso), tentando constituir-se, do ponto de vista organizacional, como partido de massa e internamente mais aberto e democrático do que a esquerda tradicional, certamente se acostumou nos primeiros anos a se ver — e ser visto — com olhos treinados pelas paradigmáticas instituições partidárias européias.

Esse padrão de disputa político-ideológica polarizada, com forte componente de classe, ensejou o surgimento de estruturas partidárias às quais o Partido dos Trabalhadores tributa suas próprias opções constitutivas — a esquerda democrática da Europa ocidental. Foi a essa disputa ideologicamente polarizada que o projeto petista indiscutivelmente se remeteu em sua primeira década de vida; e é no contexto dessa espécie de mundo político que, freqüentemente, tem sido analisado por seus estudiosos. Grande parte de tudo o que se escreveu sobre o partido na década de 1980 enquadra-se, em alguma medida, no cenário clássico do padrão europeu de competição política.

Conseqüentemente, as áreas nas quais os primeiros trabalhos acadêmicos se concentraram para compreender o PT foram aquelas em que as contribuições petistas mais se aproximavam dos tipos ideais concebidos para o entendimento dessa disputa ideológica paradigmática. Não poderia ser diferente: se o próprio partido surgiu de concepções do mundo político ancoradas nessa tradição de polarização ideológica, era absolutamente natural que os estudos sobre ele refletissem essa visão.

Justifica-se plenamente, portanto, que aquilo que denominamos estudos da diferença petista, salientando as novidades trazidas pelo PT para o cenário partidário brasileiro, tenham sido a primeira grande linha de abordagem. Os trabalhos pioneiros sobre o partido se enquadram claramente nessa perspectiva, dominante nos anos 1980, década na qual o PT se consolidou como um partido com imagem distinta da de seus concorrentes.

Exemplos dessa abordagem são os livros de Margareth Keck, sustentando que o PT é uma anormalidade no sistema brasileiro, e de Rachel Meneguello, que via nele a primeira tentativa de criar um partido de massa no país. Trechos dessas obras ilustram a seguir os motivos de sua inclusão na primeira grande área temática. Keck é pioneira no enfoque:

> Afirmei que o Partido dos Trabalhadores constitui um fato novo entre as instituições políticas brasileiras por diversas razões: primeira, porque ele se propôs a ser um partido que expressa os interesses dos trabalhadores e dos pobres na esfera política; segunda, porque procurou ser um partido internamente democrático; e, por fim, porque queria representar todos os seus membros e responsabilizar-se perante eles pelos seus atos. Todos esses conceitos evoluíram muito desde sua fundação, mas permaneceram elementos centrais na identidade do partido e são justamente o que faz dele uma inovação.[8]

---

[8] Keck, 1991:271.

Meneguello, por sua vez, aponta a novidade petista do ponto de vista organizacional:

> Nesse sentido, segundo a concepção de Duverger, a novidade do PT é ter sido, sob o aspecto organizacional, o primeiro partido de massas criado no Brasil: o PT é um partido de origem externa, extraparlamentar, de caráter societário; apresenta uma proposta definida de inserção da classe trabalhadora no sistema político; sua estrutura interna fundamenta-se em núcleos de base, órgãos básicos de trabalho e integração partidária; seu funcionamento interno define-se pela intensa articulação entre os órgãos estabelecidos de forma hierárquica. Quanto à participação, o PT define-se, em certo sentido, pela idéia "integralista" de partido: visa uma profunda integração com seus membros através de atividades políticas e tarefas de organização permanentes, fora dos períodos eleitorais (reuniões, debates, festas, contribuições financeiras periódicas, edição de boletins e jornal etc.). Finalmente, quanto à ação política, o PT confere bem menos importância à atividade eleitoral e parlamentar do que os demais partidos, priorizando os laços com movimentos sociais.[9]

A trajetória da disputa eleitoral brasileira, entretanto, não se produziu com o forte apelo ideológico que durante quase todo o século XX caracterizou o debate europeu (e mesmo na própria Europa há profundas transformações no padrão de disputa). Como os assuntos mais amiúde presentes nas análises sobre o PT produzidas pelo mundo acadêmico — com eco nas avaliações da mídia e do senso comum — compartilham o fato, em maior ou menor grau, de se remeterem a um cenário de disputa político-eleitoral ideologicamente polarizada, os trabalhos sobre a diferença e a novidade petistas são tributários da avaliação subliminar de que a contribuição do PT é a ideologização da política brasileira, levando-a a um patamar mais próximo daquilo que a política verdadeiramente é, ou, pelo menos, do que a política deveria ser.

Mas, e se o mundo da disputa político-eleitoral real for explicado, cada dia menos, apenas pela questão ideológica? E se os partidos tiverem que levar em conta outros fenômenos que não as ideologias ou o posicionamento no eixo esquerda-direita? Enfim, e se a realidade dos partidos e da política, no mundo e no Brasil, não puder mais ser compreendida apenas pelos paradigmas tradicionais a partir dos quais o PT se pensou ou foi pensado nos primeiros anos? Compreender os fenômenos que impactam o cenário da disputa político-partidária e que têm reflexos nos partidos, portanto, passa a ser fundamental para compreender melhor o próprio PT. Chamarei de *nova ambiência eleitoral* uma série de fenômenos associados à americanização, em todo o mundo, do padrão das disputas eleitorais.

Aquilo a que me referi como segunda onda de estudos sobre o PT, ou seja, os estudos sobre as transformações ocorridas no PT desde que começou a obter sucessos eleitorais significativos incorporam incipientemente essa discussão — lentes políticas

---

[9] Meneguello, 1989:36.

baseadas na discussão de meios para a maximização de votos e na discussão da eficácia administrativa de governos são cada vez mais requeridas nesse cenário.

Essa tendência começou a se consolidar após a vitória de Luiza Erundina em São Paulo, em 1988, e ao excepcional desempenho de Lula na disputa presidencial de 1989. A partir daquele momento, o PT não mais poderia ser visto como um pequeno e exótico partido com rica fauna ideológica. Era um competidor com perspectivas de exercício do poder, o que trouxe às análises sobre o partido a discussão sobre a competição no mercado eleitoral e as mudanças dali emanadas.

Muitos trabalhos trataram de mostrar como essa nova possibilidade de exercício do poder influenciou a organização e o projeto político do partido. Emblemáticos desse tratamento são os trabalhos de Leôncio Martins Rodrigues (1990), analisando as mudanças de perfil dos dirigentes petistas (cada vez mais oriundos das classes médias), e de Carlos Alberto Marques Novaes (1993), abordando os fenômenos da profissionalização da militância e da institucionalização do partido como potencialmente prejudiciais ao projeto transformador do PT.

As análises da crise de identidade petista, com especial foco nas disputas internas entre as tendências, foram tema de numerosos trabalhos sobre as divergências internas e suas repercussões no futuro do partido. Trabalhos como o de Clóvis Bueno de Azevedo (1991), abordando a coexistência de projetos leninistas e socialdemocratas no PT, seguiram essa linha exploratória. Avaliações das experiências administrativas petistas, mostrando os dilemas, dificuldades e êxitos do partido na condução de administrações públicas — como nos trabalhos de Cláudio Couto (1995) e Pedro Roberto Jacobi (1994) — também se tornaram freqüentes. Outros autores, mais críticos — como Cyro Garcia (2000) —, apontaram o que poderia ser descrito como a degeneração do projeto petista.

Cada uma dessas linhas de abordagem do PT, aqui citadas rápida e superficialmente, merecerá uma análise mais criteriosa, com revisão bibliográfica mais completa e atualizada, no próximo capítulo. Interessa, no momento, apenas constatar que a agenda de abordagens sobre o PT no mundo acadêmico (com eco nas avaliações da mídia e da opinião pública) apresentou ciclos que se alternaram historicamente.

Desde o olhar que salienta a disputa político-eleitoral ideologicamente polarizada até o que incorpora a maximização de votos no mercado eleitoral, com todas as conseqüências internas daí decorrentes, os estudos voltaram-se para os impactos e dilemas de um padrão de disputa eleitoral que também se alterou com o tempo em todo o mundo, com significativos reflexos na história do processo de redemocratização brasileiro e na história dos partidos que se consolidaram nesse período.

A nova ambiência eleitoral

Os fenômenos que influenciam as disputas político-partidárias têm reflexos nos partidos. Logo, novos estudos que desejem compreender melhor o PT necessitam incorporar algumas das características do conjunto de processos aqui designados *nova ambiência eleitoral* — a série de mudanças associadas à americanização das eleições.

Certamente um dos fenômenos mais sintomáticos dessas mudanças é a crescente valorização da figura do candidato, em detrimento do partido político. A questão, que já levou alguns autores a aventar inclusive a possibilidade de morte das estruturas partidárias,[10] deixou de ser um fenômeno característico exclusivamente do sistema partidário e eleitoral norte-americano para se transformar em manifestação de alcance praticamente global. No Brasil, as últimas décadas forneceram numerosas demonstrações da centralidade dessa discussão, *vide* a eleição de Collor e todos os desdobramentos de sua vitória.

Ao redor do mundo, a importância crescente do voto personalizado, associada ao declínio da identificação partidária e ao processo de desalinhamento do eleitorado demarcam, na análise política atual, a prevalência dos fatores de curto prazo como determinantes do voto. Nos anos 1940, a associação entre indicadores sociodemográficos e preferências eleitorais indicava haver variáveis estruturais como determinantes do voto.

Em seguida, prevaleceu a visão que introduziu a variável identificação partidária como elemento explicativo do processo decisório. Num passo adiante, com o declínio da percepção de que os fatores sociológicos ou a identificação partidária eram os responsáveis pelo voto, consolidou-se a perspectiva de que determinantes contingentes — a imagem do candidato, sua performance, temas de campanha — são cruciais na definição do processo eleitoral.

É nesse contexto que autores como Martin Wattenberg (1991) descreveram a ascensão da política centrada nos candidatos. Explicando as trajetórias que percorreram as teorias sobre o voto, desde a aproximação sociológica, passando pelo cálculo do comportamento individual (teorias psicológicas) até chegar à perspectiva econômica, Wattenberg ressalta que, na era da política centrada nos candidatos, prevalecem as considerações de curto prazo, sobretudo econômicas — as duas eleições de Fernando Henrique Cardoso, ambas tributadas ao Plano Real, parecem se conformar adequadamente à hipótese.

Para o autor, o eleitor contemporâneo, não predeterminado por variáveis sociodemográficas ou predisposições partidárias, é um ator individual capaz de julgar quais são seus interesses no momento da decisão. Some-se a isso a diminuição do controle partidário sobre as candidaturas, o crescimento das taxas de volatilidade eleitoral e o decisivo papel da mídia, e temos um quadro que favorece o personalismo na política.

Wattenberg observa que, no caso específico dos EUA, a habilidade dos partidos de polarizar a opinião pública em dois campos rivais diminuiu, incentivando a volatilidade. Com o declínio dos partidos e a baixa participação do eleitorado, o vácuo foi

---

[10] Rose e Mackie, 1991:533.

ocupado pelos candidatos. A eleição de Reagan em 1980 foi o marco da emergência dessa nova era.

Dois fenômenos cruciais para se compreender a ascensão da figura do candidato — a desagregação eleitoral e a decomposição partidária — espelham o declínio da fidelidade do eleitor ao partido, da identificação partidária e da imagem dos partidos. Quando a opinião pública tende à neutralidade no que respeita aos partidos, é o candidato que polariza o debate.

No caso norte-americano, o acirramento da disputa interna nos partidos e a falta crescente de unidade partidária também ajudaram a deslocar o eixo da discussão para as qualidades dos candidatos e para fatores de curto prazo. Competência, integridade, capacidade de decisão, carisma e atributos pessoais como aparência, idade, religião, saúde etc. preenchem o espaço deixado vago pela discussão política, sobretudo em disputas pouco ideologizadas, como as norte-americanas. Segundo Wattenberg:

> As the candidates themselves have received more attention during the presidential campaign, there character and ability have been scrutinized more carefully. Because so much power is vested in one person alone, the personal attributes of candidates are crearly relevante factors to be discussed in the campaign. Even before presidential actions had imediate world-wide consequenses, personal behavior and characteristics were often an important consideration.[11]

Da mesma forma que Wattenberg traçou o perfil do padrão emergente de disputa eleitoral, outro autor norte-americano, Samuel Popkin, desenhou o modelo do eleitor típico nessa ambiência. Ao estudar a racionalidade do eleitor, Popkin deu continuidade a uma tradição acadêmica iniciada pela psicologia cognitiva e por Anthony Downs (1957), sempre partindo do pressuposto de que as decisões tomadas pelos eleitores têm por base cálculos racionais.

> I use the term reasoning voter because my theory recognizes that voters actually do reason about parties, candidates, and issues. They have observations of the world around them. They think about who and what political parties stand for; they think about the meaning of political endorsements; they think about what government can and should do. And the perfomance of government, parties, and candidates affects their assesments and preferences.[12]

Popkin afirma que, assim como preconizava Downs, os eleitores não se sentem estimulados a buscar informações, pois esse processo apresenta custos. Na realidade, não existiria o cidadão cívico, cônscio de suas responsabilidades com relação ao bem comum, para o qual contribuiria desinteressadamente. Como o eleitor não tem incentivos para buscar informações políticas, os dados com que trabalha são subprodutos de

---

[11] Wattenberg, 1991:80.
[12] Popkin, 1991:7.

informações advindas de outras atividades — pessoais ou econômicas, por exemplo. As informações que se usa para o cálculo político são indiretas e decorrem de impressões geradas em outros campos da vida cotidiana.

Em virtude dessas características, o eleitor tende a procurar atalhos para eliminar os custos de acesso à informação sobre questões políticas. A identificação partidária, por exemplo, pode ser considerada um desses atalhos. Um dos objetivos mais importantes das campanhas eleitorais, para Popkin, é exatamente este: alinhavar retalhos de informações dispersas. A campanha, assim como um nível educacional mais elevado, ajuda a conectar todas essas informações de modo a facilitar a decisão. Da psicologia cognitiva, Popkin retira a teoria de que os indivíduos conectam os fragmentos de informações novas às informações de que já dispõem.

O personalismo na política — ou, para Wattenberg, a ascensão da política centrada no candidato — decorre dessa lógica: a ênfase na escolha de pessoas, em vez de partidos ou de programas políticos, pode ser explicada pelo fato de o personalismo ser um critério mais econômico, pois aproxima informações novas dos estereótipos já existentes. Focalizando personalidades, e não idéias ou ideologias, as comparações são mais óbvias e fáceis.

Na tipificação de Popkin, o critério do eleitor é o processamento de informações de forma clínica, e não estatística. Popkin observa que o personalismo é mais típico de eleições nos EUA do que em países com sistemas parlamentaristas; contudo, a globalização das características do modelo de campanha norte-americano — com a universalização, por exemplo, da centralidade da televisão na propaganda política — torna as diferenças cada vez menores ao longo do tempo.

O fato é que o cidadão médio descrito por Popkin parece, cada vez mais, ser um cidadão do mundo e não apenas um eleitor norte-americano: um indivíduo que combina o conhecimento de experiências passadas com informações da vida cotidiana, dos meios de comunicação de massa e de dados oferecidos pela campanha.

A campanha também é um fenômeno em mutação nas democracias contemporâneas. É disso que trata Thomas Holbrook (1996): sua tese central é que existe um ponto de equilíbrio entre as forças políticas em disputa. A campanha serviria, em essência, para ajustar eventuais disparidades, ajudando o resultado a se direcionar para esse ponto de equilíbrio predeterminado por fatores exógenos. Ou seja, as campanhas podem ter efeitos marginais, se comparadas a outros determinantes. Segundo ele, há como desenvolver modelos teóricos com alto poder de predição, independentemente dos fatores contingentes que venham a ocorrer durante uma campanha.

Holbrook esclarece que os pontos de equilíbrio são aqueles esperados pelas previsões a partir de fatores nacionais e outras variáveis não intrínsecas à campanha, como, por exemplo, questões econômicas. Durante o período que antecede as eleições, as curvas das candidaturas afastam-se mais ou menos dos pontos de equilíbrio em virtude dos eventos de campanha (ele considera constantes os efeitos nacionais).

A relevância da campanha está diretamente relacionada à distância entre os pontos de equilíbrio e os pontos que as candidaturas obtêm concretamente. Enfim, campanhas têm alguma relevância, mas, ao contrário do que preconiza a visão do senso comum, não são tão decisivas.

Em resumo, o que chamo aqui de *nova ambiência eleitoral*, descrita por autores como Wattenberg, Popkin e Holbrook, tem três características principais: supervalorização da figura do candidato; eleitor com baixa racionalidade de informação, autocentrado e propenso à aceitação de atalhos informativos que facilitem a decisão através do processamento de informações prévias; e campanhas com capacidade limitada de garantir vitórias, e que obrigam os atores políticos a considerar outras estratégias de conexão eleitoral mais duradouras.

É óbvio que não pretendo apresentar este modelo como um padrão uniforme de disputa política em todo o mundo, até porque cada um desses fenômenos ocorre em intensidades muito distintas em díspares contextos nacionais (e até locais), havendo variações também ao longo do tempo. Contudo, muitos estudos demonstram que a americanização da disputa eleitoral é uma tendência em várias partes do mundo. Franklyn S. Haiman (1991), por exemplo, mostra que, apesar de certos diferenciais, as eleições francesas e norte-americanas de 1988 apresentaram padrões similares.

Os fatores mencionados por Wattenberg, Popkin e Holbrook foram pensados para a realidade norte-americana, mas são úteis para se compreender também a realidade brasileira. Não é equivocado imaginar que todos os partidos brasileiros — o PT incluído — sofram efeitos decorrentes da consolidação dessa tendência e precisem considerá-la em seus cálculos. Também as abordagens analíticas sobre o PT devem fazê-lo, sob pena de ignorarem variáveis externas extremamente importantes para as decisões dos agentes políticos.

Além desses fatores, o próprio sistema eleitoral tem que ser considerado uma influência fundamental na definição das estratégias eleitorais dos partidos e dos candidatos.[13] Como a eleição dos deputados federais brasileiros se efetiva num sistema proporcional de lista aberta (ou seja, é o eleitor, e não o partido, que ordena os nomes da lista que ocuparão as cadeiras ganhas pela legenda), é forte o estímulo a um tipo de comportamento individualista.

Cada candidato precisa obter, individualmente, maior número de votos que seus concorrentes dentro do próprio partido e, por isso, são estimulados o padrão de relacionamento fundamentado na competição interna e a construção de carreiras políticas baseadas na reputação pessoal, como observa Jairo Marconi Nicolau (1999).

Para se diferenciar de seus competidores intrapartidários, os candidatos que competem em sistemas proporcionais de lista aberta, segundo Barry Ames (1995b), têm poucos incentivos para utilizar apelos ideológicos, pois estes, em vez de distingui-los dos demais nomes da lista, os aproximam deles.

---

[13] Pippa Norris (2003) afirma que as regras eleitorais — ao lado de fatores como as clivagens sociais, as identidades eleitorais e a diversidade de atuação dos representantes — são efetivamente relevantes para gerar incentivos a certos comportamentos dos atores políticos.

Outras características do sistema eleitoral brasileiro devem igualmente ser considerados relevantes para os cálculos dos atores políticos. A possibilidade de firmar coligações partidárias nas disputas proporcionais — o que permite a utilização dos votos dados a uma legenda para a eleição de candidatos de siglas coligadas — reduz ainda mais as chances de consolidação da identificação entre eleitores e partidos.

Num modelo multipartidário como o brasileiro, os eleitores também enfrentam dificuldades para atribuir responsabilidades. Nas eleições proporcionais, por exemplo, que partido deve ser premiado ou punido a partir da análise de desempenho do governo? Como as coalizões que sustentam os governos — ou fazem oposição a eles — envolvem muitos partidos, essa responsabilização por parte do eleitor é dificultada.

O problema torna-se mais grave pela estrutura federal, que enseja a realização de várias disputas eleitorais simultâneas, envolvendo os distintos níveis federativos e, freqüentemente, dificultando mais ainda a atribuição de responsabilidades. Um partido pode ser governista no estado e oposicionista na União — ou vice-versa —, mas as disputas para o preenchimento de cargos majoritários e proporcionais dessas duas instâncias são realizadas simultaneamente.

Em alguns contextos, tal configuração pode gerar até o fenômeno da *dupla identificação partidária*, na expressão de William Miller e Richard Niemi (2002). Eles observam que, na Espanha, os catalães tendem a votar nos socialistas em eleições nacionais e nos conservadores em eleições locais. A multiplicidade é, potencialmente, mais um fator a obscurecer a lógica da responsabilização dos partidos pelo eleitorado, por isso os eleitores podem preferir vincular-se a candidatos e, não, a partidos.

Voltando à discussão do livro, se admitirmos que o sistema eleitoral e as modificações da ambiência eleitoral de fato influenciam as estratégias dos partidos e dos candidatos (sobretudo porque estes desejam, em última instância, vencer eleições), abre-se a perspectiva de analisar o PT não mais apenas sob a ótica da disputa ideológica — sempre ressalvando-se, contudo, que não se deve desconsiderar o diferencial da pretensão ideológica e a singular estrutura petista.

Pode-se, e deve-se, estudar o partido também sob a ótica da maximização eleitoral, mas sempre partindo do pressuposto de que uma agremiação com a história, as práticas e o perfil do PT pode não se comportar *como* a maioria dos partidos brasileiros. Voltamos, portanto, ao ponto dos paradigmas pelos quais o PT tem sido estudado: eles podem não ser suficientes para abordar com clareza os processos de adaptação do partido à realidade eleitoral.

Como o PT mantém sua especificidade num contexto diverso daquele existente em sua origem (não se pode esquecer que o partido nasceu no período da redemocratização brasileira e da Guerra Fria mundial) talvez seja a grande questão a ser explicada. Por isso recorri a uma tradição de estudos pouco utilizada nas discussões sobre o PT: adotei como objeto de análise cada um dos deputados federais do partido na legislatura 1999-2002, de modo a compreender as escolhas de cada ator isoladamente e, ao mesmo tempo, identificar posições hegemônicas no nível agregado.

Considerando que todos os candidatos também são atores racionais maximizadores de votos, submetidos a um sistema eleitoral e a uma ambiência com forte pe sonalização da disputa, que estratégias eles desenvolvem para obter sucesso nas urnas, ao mesmo tempo em que se mantêm ligados a uma estrutura partidário-institucional muito distinta das outras?

Projetos coletivos e individuais

Este trabalho busca compreender como os deputados federais, ao mesmo tempo, ajudam a construir um projeto coletivo como o PT (ajustando-se às suas estruturas) e tentam satisfazer seus projetos políticos pessoais — o que inclui, primordialmente, o desejo de reeleição ou de crescimento na carreira, como já indicava David Mayhew (1974). A escolha desse objeto de estudo deve-se ao fato de haver lacunas na literatura sobre o PT em relação à atuação congressual. Se, nos estudos de caso das administrações municipais, há profusão de referências ao relacionamento partido-Executivo, existe pouca literatura sobre a relação entre estrutura partidária e mandato parlamentar.

A especificidade da atuação legislativa petista aparece, indiretamente, em estudos como os desenvolvidos por Fernando Limongi e Angelina Figueiredo (1995) e Jairo Marconi Nicolau (2000), que constataram altos índices de coesão na bancada do PT, comparativamente às demais, no Congresso Nacional, ou em trabalhos como o de David Samuels (1997), que trata do incentivo dado pelo PT ao voto de legenda, numa intensidade flagrantemente superior à verificada em outros partidos.

Mas esses trabalhos não explicam integralmente o comportamento dos deputados petistas, por não terem como objetivo associar as injunções institucionais existentes no PT e o cálculo individual de maximização eleitoral dos deputados. Falta, até o momento, uma análise sistemática dos efeitos produzidos pelo cruzamento desses dois fenômenos — a configuração institucional do PT e o desejo de reeleição dos representantes — nas maneiras de os deputados conceberem suas tarefas de representação e nas maneiras em que são estruturados seus mandatos parlamentares (aqui entendidos não só como a figura pessoal do deputado, mas como uma organização burocrática a seu serviço, que apresenta existência relativamente autônoma de outras instâncias partidárias).

Não se sabe exatamente como os deputados se relacionam com o partido, nem tampouco o quanto da forma que o mandato assume decorre dessas relações. Não há estudos nessa área que descrevam como se dá a conexão dos parlamentares com outras esferas decisórias do partido, nem como fica o debate teórico sobre representação (acompanhado do inevitável debate prático sobre o limite da autonomia parlamentar) nesse contexto.

O objetivo deste trabalho, portanto, é tentar colaborar para o preenchimento dessa lacuna, ajudando a entender várias questões: como a regulamentação petista — normativa e estatutária — orienta a relação do partido com os parlamentares e seus mandatos; como, efetivamente, essa relação se dá, na prática cotidiana, para além do que dispõe a normatização existente; que reflexos essa relação tem na forma de organização dos mandatos; até que ponto os mandatos petistas se enquadram em alguma tipologia já desenvolvida; quais os conceitos de representação consagrados pelos documentos internos do partido e quais os que, de fato, são defendidos pelos parlamentares; e como os mandatos atuam para, dentro dos limites impostos pelas regras petistas, maximizar o desempenho eleitoral do representante.

A prevalência da pergunta *como*, clássica questão dos estudos descritivos, não significa absolutamente que o trabalho abdique de pretensões explicativas, até porque qualquer pesquisa de ciências sociais, como lembram King, Keohane e Verba (1994), envolve o duplo objetivo de descrever e explicar. A insistência no *como* decorre tão-somente da opção pelo método do estudo de caso, que, ainda segundo os autores citados, é essencial para a ciência, uma vez que cada caso específico pode ajudar a compreender fatos gerais e determinar princípios de comportamento.

Uma abordagem sobre a atuação legislativa preliminarmente útil para esta análise é pressupor que a motivação central dos parlamentares seja a reeleição ou a progressão na carreira e que suas ações têm a ver com esse desejo, inclusive suas preferências por políticas públicas. Ou seja, um deputado sempre se preocupará em obter benefícios para seu eleitorado, de modo a transformar esse esforço em novos votos. Sua atuação legislativa se pautará, como descreve Fernando Limongi, pela tentativa de oferecer "benefícios localizados e tangíveis a uma clientela eleitoral claramente identificada".[14]

As conexões eleitorais dos deputados, em essência, determinam muito de suas atuações, segundo a perspectiva acima. Contudo, esse modelo foi pensado e desenvolvido sobretudo para explicar o funcionamento do Congresso norte-americano e o comportamento de seus deputados. Entre outras variáveis, o sistema eleitoral norte-americano (com voto majoritário) e a estruturação partidária (o arcabouço institucional interno dos partidos Republicano ou Democrata) diferem em muito do caso brasileiro.

A questão, conseqüentemente — admitindo-se que a hipótese do desejo de reeleição dos deputados seja verdadeira —, é compreender como os deputados petistas coordenam suas estratégias de maximização eleitoral num contexto de regras, organização, ideologias e injunções eleitorais distintas daquelas descritas pela literatura norte-americana.

Como agir estrategicamente na busca da maximização eleitoral — reforçada pelo sistema eleitoral brasileiro e pelos fenômenos já descritos como a nova ambiência da disputa — num partido com a configuração do PT? Este é o problema central de que trataremos, e que exige também uma abordagem teórica sobre partidos e organização partidária.

Estudos que pretendam compreender uma faceta de um partido político defrontam-se, de início, com uma intensa discussão sobre o tipo de instituição que o partido efetivamente é. Baseadas em concepções amplas ou restritas, ideológicas ou pragmáticas, pluralistas ou elitistas, as várias correntes teóricas que contribuem com seus

---

[14] Limongi, 1994:8.

enfoques sobre os partidos convergem pelo menos em um ponto: eles são mediadores da relação entre sociedade e Estado.

Filiem-se os trabalhos à visão de Downs (1957) — de que partidos são coletivos de indivíduos procurando conquistar o governo, em busca de riqueza, prestígio ou poder — ou a conceitos ideológicos, há consenso em relação ao fato de que, na maioria das democracias liberais, os partidos detêm o virtual monopólio do processo de seleção de lideranças e de viabilização do acesso ao poder. Eles são, para as principais correntes teóricas, estruturas mediadoras.

As taxonomias desenvolvidas para classificar partidos por Duverger (1980) — de massa, de quadros etc. —, Kirchheimer (1990) — *catch-all* —, ou Katz e Mair (1995) — de cartel — denotam a preocupação em entender os partidos a partir de seus atributos básicos, decorrentes das formas pelas quais eles se organizam. Aí está, portanto, outra convergência: além de serem mediadores, os partidos podem se distinguir uns dos outros fundamentalmente pelas maneiras específicas de se estruturarem internamente.

As diferentes classificações nas quais os partidos podem se enquadrar derivam, em grande medida, de suas diferentes formas de organização interna — ou, em outras palavras, das opções institucionais que regulamentam seu funcionamento.

O problema da representação

Este livro não tem a pretensão de entender o Partido dos Trabalhadores genericamente, nos múltiplos aspectos de sua existência ou nas suas variadas esferas de atuação. Ao contrário, focalizará os seguintes aspectos: como o problema da mediação (ou seja, da representação) se apresenta no PT, como os deputados federais do PT se organizam para efetuar essa representação, e de que se valem para obter êxito nas eleições.

As questões teóricas se enquadram, conseqüentemente, no campo das relações existentes entre representação, organização e maximização eleitoral, partindo do pressuposto de que a forma de o partido se apresentar à sociedade, de ser percebido por ela e de efetivamente agir decorre de como ele se organiza. O escopo dessa empreitada se concentrará na seguinte questão: qual o impacto das opções institucionais petistas na estratégia eleitoral individual e na organização dos mandatos?

A escolha da bancada de deputados federais como objeto específico de abordagem decorre do fato de o Congresso Nacional — e mais ainda a Câmara dos Deputados, cuja missão constitucional é representar o povo — ser um *locus* privilegiado para discutir o problema da representação e, mais especificamente, as relações entre políticos e bases eleitorais, com o conseqüente debate sobre estratégias de conexão eleitoral.

O já clássico debate sobre representação delegada (imperativa) *versus* representação virtual (livre) tem no Parlamento o seu cenário por excelência.[15] Além da re-

---

[15] Ver a clássica carta aos eleitores de Bristol, escrita por Edmund Burke (2002, v. 2, p. 24).

tomada eventual das disputas teóricas sobre representação, a pesquisa se valerá também da literatura internacional sobre as injunções a que se submetem os parlamentares, provenientes do sistema eleitoral e das suas conexões eleitorais, de um lado, e da organização partidária, de outro. Livros como os organizados por Vernon Bogdanor (1985) e Katz e Mair (1994) são exemplos da tentativa de analisar as variáveis que determinam os mecanismos de incentivo aos parlamentares.

Como as influências originárias do sistema eleitoral não se aplicam exclusivamente aos parlamentares de um só partido, mas indiscriminadamente a todos, interessam-nos os estímulos à adoção de certas estratégias de atuação parlamentar provenientes da estrutura partidária. As especificidades e idiossincrasias do arcabouço institucional petista e seus impactos na forma de os mandatos se organizarem para dar conta da representação que lhes foi outorgada e na forma de determinarem as estratégias de reeleição dos mandatários são os pontos cruciais a abordar.

Vale ressaltar que o cerne do que se pretende explicitar diz respeito mais à relação dos mandatos com o partido e com as bases eleitorais (com as decorrentes formas de organização dos próprios mandatos) do que ao comportamento da bancada em votações específicas no Congresso. A meu ver, as posições tomadas pela bancada em situações de escolha concreta só poderão, no futuro, ser plenamente compreendidas a partir do conhecimento do funcionamento estrutural dos próprios mandatos.

Sumariando o problema, vamos partir das seguintes referências:

▼ os partidos devem ser entendidos como elementos de mediação entre a sociedade e o Estado. Eles sofrem grande influência de outros fatores (por exemplo, do sistema eleitoral ou daquilo que designo como ambiência eleitoral) e têm papel preponderante (freqüentemente monopolista) na mediação do acesso ao poder nas democracias liberais;

▼ a compreensão do que são os partidos decorre, em grande parte, da compreensão de como eles se organizam. A estrutura de organização tem reflexos que se espraiam por toda a vida partidária e é indispensável para explicar variados fenômenos; evidência disso é que as principais tipologias codificadas pela literatura baseiam-se em critérios organizacionais;

▼ o debate teórico sobre representação (virtual ou delegada) tem o Parlamento ou Congresso Nacional como cenário fundamental — no caso brasileiro, com ênfase na Câmara, que constitucionalmente representa a população, enquanto o Senado representa os estados federados. A forma de organização de um mandato parlamentar tem forte associação com esse debate teórico e com o arcabouço institucional a partir do qual o partido é estruturado; e também com o problema da conexão eleitoral dos deputados, que agem estrategicamente para garantir sua reeleição, tanto na esfera de atuação legislativa quanto na esfera da própria organização de seu mandato;

▼ há injunções provenientes da estrutura partidária que impactam a maneira de o mandato se organizar e de o deputado atuar. Essas relações entre partido e mandato variam significativamente em diferentes sistemas partidários (constrangidos por diferentes sistemas eleitorais), mas, em um mesmo sistema, variam também significativamente de partido para partido. Isso se explica por fatores endógenos da relação que se estabelece entre parlamentares e partido;

▼ compreender de que forma se dá essa relação entre estrutura partidária e parlamentar é crucial para entender por que o mandato se organizou de determinada maneira. Essa organização específica do mandato tem reflexos nas votações concretas das bancadas (questões como coesão partidária, grau de personalismo e padrão de carreira têm relação com os incentivos oferecidos pelos mecanismos institucionais internos) e nos resultados eleitorais, tanto do partido quanto dos deputados.

▼ no contexto histórico-institucional da política brasileira e, mais especificamente, no contexto do PT — historicamente um dos mais ideológicos e emblemáticos partidos da esquerda brasileira —, as estratégias de maximização eleitoral não se dão de maneira idêntica às constatadas pela literatura no caso dos partidos e dos deputados norte-americanos.

Esse quadro teórico determinou o corte escolhido no tema geral desta pesquisa. Um trabalho que trate concretamente das relações entre partido e deputados federais, de como essa relação se enquadra no debate sobre representação e de como ela influencia a organização dos mandatos e a conexão eleitoral dos parlamentares pode trazer luzes para uma compreensão mais profunda do próprio PT e permitir a extração de relevantes inferências.

Se considerarmos que inferência é o processo mediante o qual usamos fatos que conhecemos para aprender sobre fatos que desconhecemos, e que a organização é fundamental na vida de um partido, saber como se organiza um mandato parlamentar com vistas à maximização eleitoral é passo primordial para explicar, futuramente, outras esferas da vida partidária — e, por que não dizer, o próprio partido, seus congêneres, seus antípodas e o sistema no qual se insere.

A abordagem que pretendo fazer sobre o PT, então, tentará incorporar a importância dos mecanismos internos de regras e práticas que incentivam a adoção de certos comportamentos por parte dos deputados e determinam formas específicas de organização de seus mandatos. Em outras palavras, entendo que o modo de os deputados petistas organizarem racionalmente seus mandatos decorre de suas necessidades eleitorais (que devem levar em conta as naturezas do sistema eleitoral e das transformações na ambiência eleitoral), associadas aos constrangimentos internos das regras petistas, que, por sua vez, devem ser analisadas historicamente, pois o partido também sofreu transformações ao longo do tempo.

Há razoável congruência na literatura sobre o PT quanto à afirmação de que ele é um partido institucionalmente forte. Com conexões nos movimentos sociais, estruturação nacional a partir de um eixo ideológico e altas taxas de coesão das bancadas parlamentares, o partido se enquadraria com tranqüilidade no modelo tradicional de partido de massa de esquerda.

Contudo, o partido de hoje certamente difere daquele imaginado, em 1980, por seus fundadores. Se a combinação de partido institucionalmente forte com parlamentares em função estritamente delegada foi unanimemente aceita até bem pouco tempo, existem, por outro lado, evidências de que podem estar em curso alterações também nas concepções sobre representação de alguns segmentos petistas.

Necessita-se, pois, de um inventário desses conceitos de representação ao longo do tempo para investigar se houve transformações à medida que o PT crescia e ocupava novos espaços político-administrativos. Existem indicativos de que o processo de crescimento do partido implicou alterações em muitos pontos programáticos e na composição social de suas direções.

Desde que Michels (1962) demonstrou que a oligarquização é, de certa maneira, o efeito não intencionado da democratização, a teoria se apercebeu das conseqüências significativas que advêm de processos de profissionalização das organizações. Como sugere a Lei de Ferro de Michels, a oligarquização é uma decorrência lógica do desenvolvimento de partidos bem-sucedidos eleitoralmente, como o PT.

Trabalhos pioneiros — como os já citados de Rodrigues (1990) e Novaes (1993), além de outros mais recentes (como os que discutiremos no próximo capítulo) — já se debruçaram sobre alguns aspectos das mudanças que o PT sofreu desde seu nascimento. Mais burocratizado, menos operário e mais eleitoral do que quando nasceu, o partido que emerge a partir dos anos 1990 ainda procura conciliar seus valores fundamentais aos novos espaços institucionais que crescentemente passa a ocupar.

Há dados muito significativos sobre mudanças ocorridas no Partido dos Trabalhadores. Pesquisas realizadas nos últimos encontros nacionais e congressos do partido reforçam essa tese. Em 1997, o perfil dos 2.995 delegados presentes nos encontros estaduais e dos 187 delegados no encontro nacional revela um partido com quadros muito distintos do presumido pelo senso comum. Primeiro, o PT envelheceu: com a falta de renovação de militantes — reflexo, talvez, da incapacidade de seduzir a juventude, como fez durante os anos 1980 —, a idade média dos delegados (quadros significativos para espelhar a totalidade do partido) aumentou, se comparada aos primeiros encontros.

No XI Encontro Nacional, em 1997, 28% dos delegados situavam-se na faixa entre 36 e 40 anos, contra apenas 4% na faixa entre 21 e 25 anos. Mais de 60% dos delegados tinham 35 anos ou mais, enquanto apenas 37% tinham menos de 35. Nos encontros estaduais, os números são semelhantes: 22 e 21% dos delegados situavam-se, respectivamente, nas faixas etárias de 31 a 35 anos e de 35 a 40 anos. Os delegados com menos de 31 anos não passavam de 23% do total. A média de idade geral dos encontros de 1997 foi de 37 anos.

No II Congresso Nacional do PT, em 1999, a tendência se confirmou. A distribuição de faixas etárias entre os delegados foi a seguinte: 5% com até 25 anos, 14% até 30 anos, 41% até 40 anos, 38% com 41 ou mais anos.

A pesquisa constatou a grande influência dos funcionários públicos: em 1997, 33% dos delegados no encontro nacional e 28% dos delegados nos encontros estaduais provinham desse segmento; em 1999, 49%. Com alta renda média — mais da metade dos entrevistados recebia acima de 10 salários mínimos — e com alta escolarização — em 1997, 62% concluíram a universidade e 11% eram mestres ou doutores; em 1999, 14% eram mestres ou doutores —, os delegados compunham um colegiado de perfil diferenciado daquele esperado para um partido que pretende ser a voz dos excluídos e da classe trabalhadora proletária e camponesa, mesmo que não haja relação necessária entre ter esse perfil e não poder representar os excluídos.

Se é verdade que o PT já nasceu aglutinando intelectuais e setores da classe média, também é verdade que o tempo, a profissionalização de quadros e o crescimento da estrutura partidária alteraram as características dos estratos médios do partido. Comparando-se o VII Encontro (1990) e o I Congresso (1991) — ou seja, depois do relativo sucesso eleitoral de 1990 —, de um encontro para outro, os sindicalistas e assessores do movimento sindical diminuíram sua participação e os assessores relacionados a cargos políticos e eletivos aumentaram sua presença.

O mesmo processo pode ser constatado na bancada de deputados federais. Ana Lúcia Aguiar Melo (1998) levantou o perfil político e socioeconômico das bancadas nas legislaturas iniciadas em 1983, 1987, 1991 e 1995 e verificou como principais características: alta participação feminina (14,6% nas quatro legislaturas), alta escolaridade (70,6% com nível universitário e 38,5% com pós-graduação), idade entre 31 e 45 anos (58% da bancada), profissões ligadas ao setor terciário (77,8%) — principalmente magistério (31,19%) e profissões liberais (17,4%).

Pressupostos da pesquisa

O peso político e econômico dos mandatos no PT aumenta à medida que crescem fenômenos como a profissionalização e a inevitável burocratização decorrente do sucesso do partido. Isso reforça ainda mais a necessidade de compreender o papel dos deputados na estrutura partidária e a importância da organização dos mandatos como instrumentos a serviço da maximização eleitoral, necessária à evolução na carreira parlamentar. Diante disso, veremos a seguir uma síntese dos objetivos da pesquisa e suas principais hipóteses:

1. Partindo da análise das normas internas, documentos, resoluções, e também apurando as práticas cotidianas (mesmo que não-normatizadas) do PT em relação aos mandatos parlamentares, tentarei configurar o grau de enraizamento das concepções de que o mandato é partidário e deve, em virtude disso, submeter-se a injunções partidárias.

Compreendendo os mecanismos institucionais através dos quais os deputados petistas se submetem a outras instâncias decisórias coletivas — direções partidárias, lideranças de bancada etc. —, espero demonstrar que evidências paralelas já conhecidas — alta coesão em votações, ênfase no voto de legenda durante o processo eleitoral, baixíssima taxa de mudança de partido durante o exercício do mandato — integram-se num contexto em que o partido exerce controle relativo sobre seus representantes.

A principal tarefa é analisar como se deram, na prática e ao longo do tempo, as relações entre deputados e partido, especialmente na legislatura 1999-2003, a fim de verificar se as limitações impostas à ação plenamente autônoma dos parlamentares (preconizada nos documentos básicos do partido) de fato se concretizaram. Enfim, trata-se de confirmar se a concepção de representação eminentemente partidária está efetivamente na base das relações entre os parlamentares e a estrutura partidária e se há ingerências em níveis superiores de outros partidos. De que modo os deputados percebem e se relacionam com os seus reais limites de autonomia decisória é outra questão a ser discutida.

2. Considerando que o debate teórico sobre representação parlamentar, em suas tipologias clássicas, pode ser entendido como uma classificação de diferentes escalas de fidelidade do representante, essas tipologias tentam compreender a quem o parlamentar é fiel prioritariamente. Deve seguir sua consciência? Os grupos sociais que lhe deram apoio eleitoral? Os eleitores típicos do partido em geral, ou os seus? As lideranças parlamentares e partidárias? A população de forma genérica? Em essência, as tipologias mais utilizadas podem, a meu ver, ser entendidas como classificações baseadas na ordem de prioridades que o parlamentar define no exercício de sua representação.

Trata-se de tentar compreender como, na prática, os deputados encaram e resolvem o problema, uma vez que se submetem a várias dessas influências concomitantemente: eles são filiados a um partido cujas instâncias interferem na arena parlamentar e, com freqüência, são eleitos como representantes de grupos sociais e movimentos organizados, sendo, por vezes, porta-vozes desses movimentos.

Para obter evidências sobre esse problema, realizei entrevistas com deputados federais do PT na legislatura iniciada em 1999 (dos 58 deputados da bancada, 47 — mais de 80% — responderam a um questionário com 20 perguntas, entre fechadas e abertas), nas quais foram abordados desde problemas teóricos sobre concepções de representação até questões práticas sobre o cotidiano das atividades dos parlamentares.

3. Além da análise de documentos partidários, da descrição de rotinas de interação entre deputados e partido, coletei informações sobre a composição e a rotina de funcionamento dos gabinetes dos parlamentares: quem trabalha neles, como funcionam, a quem atendem. Obter informações sobre a organização do gabinete constituiu uma das atividades centrais da pesquisa. Outro dado relevante é a rotina de atuação do próprio deputado: como se define sua agenda, quanto tempo ele dedica à tarefa legislativa propriamente dita e quanto ao contato com as bases, com o partido etc.[16]

---

[16] A análise dos resultados da pesquisa com os deputados federais do PT que constituem a amostra encontra-se nos capítulos 4 e 5.

Richard Hall (1996), estudioso do Congresso norte-americano, propôs uma dicotomia entre preferência revelada (ou seja, de que forma o deputado vota substancialmente) e intensidade revelada (que se conhece pelo tempo, esforço e recursos legislativos empregados para atingir algum fim). Como esta obra focaliza a questão organizativa do mandato, verifiquei se a intensidade revelada nas tarefas pertinentes a essa questão, comparada com a atuação legislativa, evidencia padrões de comportamento distintos entre os membros da bancada.

Além de obter esses indicadores sugeridos por Hall, esta pesquisa também colheu dados sobre a origem e a distribuição dos votos de cada deputado. Partindo dessas informações, e à luz delas, o objetivo foi identificar as diferentes escalas de concepções de representação e também os diferentes graus de importância atribuídos pelos parlamentares à questão da organização do gabinete de seu mandato, com vistas à maximização eleitoral.

4. Admitindo como verdadeira a premissa da abordagem de que deputados, como atores racionais que são, têm a reeleição (ou, diante da pretensão de ocupar outros cargos, a sobrevivência no mundo da política) como uma de suas metas prioritárias e, com vistas nela, agem estrategicamente nos mais diferentes níveis, associarei as informações provenientes das várias fontes já citadas para compreender como os parlamentares petistas, premidos pelos constrangimentos institucionais do partido, compatibilizam seu desejo de maximizar votos e garantir a reeleição com as idéias e práticas do PT, centradas num relativo controle da atuação dos representantes, com forte visão de representação delegada.

Em outras palavras, veremos como, ao mesmo tempo, os deputados participam do esforço coletivo de construir o partido, submetendo-se a mecanismos institucionais que limitam sua autonomia; constituem-se em porta-vozes dos segmentos sociais que representam; e, paralelamente, buscam meios de ter sucesso no projeto individual da reeleição.

A hipótese central deste livro diz respeito, portanto, ao fato de que, embora a atuação legislativa do deputado petista seja fortemente influenciada pelas decisões partidárias coletivas, o deputado modal na bancada do PT — sobretudo aquele com estreita dependência de bases eleitorais concentradas em grupos sociais organizados, como movimentos sindicais ou sociais — tende a deslocar grande parte de seu esforço para a organização de seu gabinete. Ou seja, vendo-se limitados, pelas normas, práticas e concepções petistas, a utilizar seus mandatos livremente para tomar decisões legislativas que possam maximizar votos, e também impedidos de adotar práticas de serviços a eleitores individualmente (algo que o PT historicamente encara como prática clientelística), os deputados tenderiam a concentrar tempo, esforço e recursos legislativos na transformação da estrutura de seu gabinete em máquina eleitoral.

Ao contrário do exemplo norte-americano, contudo, os *case works* não são individualísticos e, sim, mediatizados pelas organizações sociais a cujas bases eleitorais o deputado está ligado (ou nas quais teve origem sua carreira). As políticas de profissionalização de quadros e a atenção que o deputado dedica a esses movimentos, por exemplo, são indicadores importantes para a verificação desta hipótese.

Não tenho aqui a pretensão de definir uma única forma petista de estruturar o gabinete e, ao mesmo tempo, de encarar teórica e concretamente o problema da representação. Ao contrário, a expectativa é de que se confirmem variações significativas entre os deputados federais. Essas variações podem depender da base eleitoral com que conta o deputado e de suas conexões eleitorais, ou mesmo de convicções políticas ou pessoais. O acolhimento dessa multiplicidade, entretanto, não inviabiliza necessariamente a constatação de que certas formas específicas dão conta, majoritariamente, do típico padrão petista.

Logo, além de analisar os resultados da bancada como um todo, tentarei examinar as concepções de cada deputado entrevistado, de tal modo que se incorpore uma explicação para as particularidades nos modos de organização de seus gabinetes e na sustentação de concepções de representação distintas.

As díspares conexões eleitorais, associadas a um mesmo cenário institucional dentro do partido, tendem a configurar não só comportamentos mas também ideários distintos: entre deputados médios e deputados da elite parlamentar há divergências significativas tanto na forma como atuam, quanto no que concebem como o ideal teórico de representação.

Deputados com bases eleitorais grandes e desconcentradas, por exemplo, tendem a dedicar menos atenção, tempo e recursos legislativos a movimentos sociais específicos e a praticar mandatos de opinião, preocupando-se também menos com a organização de seus gabinetes.

Cabe, por fim, uma explicação sobre essa abordagem. Ao recorrer a uma estratégia analítica não usual em trabalhos sobre o PT — notadamente o mais ideológico e programático entre os maiores partidos brasileiros —, não pretendo afirmar *a priori* e peremptoriamente, como com freqüência seus adversários o fazem, que ele é exatamente igual aos demais.

Contudo, uma série de indicações recentes — todas as crises na relação bancada-governo Lula, as pragmáticas alianças em nome da manutenção da governabilidade, as mudanças de prioridades no exercício do poder, a consolidação das coligações à direita (desde a fechada com o Partido Liberal nas eleições presidenciais de 2002 até a incorporação de partidos notadamente conservadores à base aliada), as mudanças no Estatuto do partido (com maior delegação de poderes às executivas, eleitas por voto direto) e a flexibilização programática — me levam à inequívoca conclusão de que o PT não pode mais ser visto apenas pelas lentes dos clássicos estudos que o avaliaram nos anos 1980 e 90.

O Brasil e o partido mudaram, a ponto de alguns autores afirmarem que houve um processo de desideologização nos programas de governo do PT, como sustenta Oswaldo Amaral (2003), que comparou os programas de 1989, 1994 e 1998.

Este livro, ao contrário de recusar a definição do *éthos* petista como tendo sido fundamentalmente uma novidade na política brasileira, propõe que se parta de outros referenciais para avaliar como e por que essas diferenças se manifestam na arena da organização dos mandatos parlamentares.

Para entender o PT, não basta nos atermos à auto-apologia produzida por pesquisas militantes, ou, em sentido inverso, à execração ideológica produzida pelos adversários — ambas constituem discursos simplificadores. São necessárias mais evidências que sustentem onde e quando se manifestam as diferenças do PT, e com que intensidade.

Capítulo 2

Ciclos de enfoques paradigmáticos sobre o PT

PT: um objeto transdisciplinar de estudos

Os estudos clássicos produzidos nos anos 1980 — mesmo os publicados posteriormente — sobre a constituição do PT, e que apontaram o ineditismo da experiência petista no que diz respeito à tradição partidária brasileira, foram e são muito conhecidos e lidos. Os reflexos de tais trabalhos não só se espraiaram por outros estudos que os citaram, mas também indicaram um campo de pesquisa, pois o PT passou a ser objeto de análise de um sem-número de pesquisas em variadas áreas. Dissertações de mestrado, teses de doutorado, artigos e livros sobre o PT não se limitaram aos departamentos de ciência política, perpassaram os limites de áreas próximas como sociologia, antropologia e história, e alcançaram áreas como geografia e direito.

Neste capítulo examinaremos até onde e com que enfoque o Partido dos Trabalhadores foi discutido em estudos acadêmicos e publicações. Em se tratando de um partido nacional, muito presente na vida política brasileira nos últimos 20 anos e, conseqüentemente, muito estudado, será inevitável a ocorrência de lacunas na revisão bibliográfica; contudo, esta pesquisa levantou também trabalhos não publicados em periódicos ou livros de departamentos de várias ciências sociais das principais universidades do país, a fim de contribuir para o conhecimento das perspectivas de análise e dos paradigmas de outras disciplinas sobre um objeto que os cientistas políticos consideram seu.

Serão, portanto, indicados os principais enfoques temáticos empregados para compreender o PT, sem perder de vista que tal esforço visa oferecer um panorama da trajetória petista desde sua fundação até o ano de 2002, quando se elegeu o novo Congresso Nacional, em substituição à legislatura analisada neste livro, e, principalmente, quando o partido chegou ao Palácio do Planalto, encerrando um ciclo histórico de nascimento, crescimento, transformação e chegada ao poder máximo do país. É sob essa perspectiva histórica que os estudos sobre o PT devem ser discutidos: assim como o próprio partido, eles focalizaram os novos problemas e dilemas surgidos com as transformações havidas na política e na sociedade brasileiras.

Ao introduzir determinados enfoques na agenda de debates, esses trabalhos optaram por percorrer caminhos que davam conta não só das escolhas acadêmicas dos pesquisadores, mas também das realidades da história brasileira, na qual o PT tem sido um dos protagonistas nas duas últimas décadas. Das lutas pela redemocratização em plena ditadura à consolidação da democracia brasileira, o PT transitou por contextos muito distintos, que influenciaram sua legenda e, obviamente, a de seus estudiosos.

Tal ressalva se faz necessária para impedir o maniqueísmo de se produzir uma retrospectiva de trabalhos sobre o PT calcada em julgamentos a-históricos. O objetivo deste livro é, apenas e tão-somente, tentar identificar os ciclos em que predominaram certas tendências de avaliação sobre o PT, associar esses ciclos à própria história do partido e da política brasileira e fazer, sinteticamente, um balanço geral das abordagens exemplares sobre o assunto discutido.

Pode-se afirmar que os principais eixos temáticos verificados na produção acadêmica sobre o PT giram em torno das seguintes questões: num primeiro momento, a indicação da novidade petista; em seguida, com os pioneiros sucessos eleitorais, os desafios de ser governo; uma terceira vertente salientou os dilemas internos decorrentes da maior inserção institucional e a conseqüente crise de identidade (agravada pelo quadro de disputas internas no partido); por fim, surgiram textos flagrantemente críticos, que se tornaram cada vez mais presentes à medida que o partido passou a ocupar parcelas crescentes de poder.

A gênese dos estudos sobre o PT: o foco na diferença

Nascido com forte apoio de segmentos da intelectualidade de esquerda, o PT foi muito estudado pela academia antes mesmo de se tornar um partido eleitoralmente significativo. Trabalhos clássicos, como os de Keck (1991) e Meneguello (1989), partilharam a visão de que o partido representava algo novo na história política brasileira, tom presente na maior parte dos estudos. Alguns dos livros organizados por Emir Sader (1986a, 1993a) são exemplos dessa postura.

> O PT é uma novidade radical na esquerda brasileira, e mesmo latino-americana. Suas raízes estão na própria temporalidade diferenciada da história brasileira em relação aos outros países do continente. Fatores de relativo atraso se transformaram em elementos favoráveis, caracterizando o que já foi chamado por Trotsky de "privilégio de atraso". A liquidação da esquerda anterior, por exemplo, por sua relativa debilidade, abriu campo para o surgimento de uma nova esquerda, desvinculada dos erros mais gritantes da-

quela força derrotada. Dentre eles, estavam o atrelamento ao aparelho de Estado, as alianças subordinadas com frações burguesas, as posições internacionais de vinculação acrítica à URSS, a rigidez organizativa, a falta de criatividade política e cultural. Pôde ser deixada de lado também a concepção que visualizava o assalto ao aparelho estatal como a forma central de resolução da questão do poder dos trabalhadores.[17]

Outra publicação que causou muito impacto nos anos 1980 foi o livro de Moacir Gadotti e Otaviano Pereira, que enfoca os desafios de um partido de esquerda com pretensões revolucionárias disputando a arena eleitoral. Num país cuja esquerda desenvolveu a maior parte de sua história na clandestinidade, a opção petista pela via eleitoral desde o nascimento foi objeto de muita análise.

> Dificilmente, os partidos da revolução social devem nascer e desenvolver-se, fundamentalmente, no terreno da sociedade civil expressando uma síntese política, através da qual deve se manifestar o desejo e a vontade de mudanças dos vários movimentos instituídos da sociedade civil. O partido deve adquirir, assim, estatuto de corpo representativo das necessidades e carecimentos, das demandas, das vontades etc., existentes na sociedade, transformando-as, de movimentos pelas mudanças, em projeto político e social representativo do movimento pela revolução socialista.
>
> Orientado por este projeto, o partido deve relacionar-se com a sociedade segundo este ponto de vista e atuar em todas as esferas, inclusive nas instituições representativas do Estado, segundo a norma ético-política demandada do conjunto dos valores contidos no projeto. As mediações necessárias do fazer a política não poderão esquivar-se desse balizamento normativo sob o risco de degradar política e moralmente o próprio partido. O projeto é isto mesmo: norma regulativa da práxis, da ação; mas a ação, a atividade do partido, como fazeres humanos, não se confundem com a norma. Devem estar somente de acordo com a norma.[18]

Tal perspectiva pode parecer típica dos turbulentos anos de construção do PT, em pleno processo de redemocratização. Não há dúvida de que muitas dessas questões — sobretudo aquelas discussões mais ideológicas, relacionadas com o embate entre a opção eleitoral e a opção revolucionária do socialismo real — tornaram-se deslocadas após as imensas transformações a que o mundo assistiu no final dos anos 1980 e início dos 90, com as derrocadas do muro de Berlim e da URSS.

Contudo, muitos estudos recentes reenfatizam os mesmos aspectos do ineditismo petista em relação às outras propostas existentes na esquerda de então. Ao re-

---

[17] Sader, 1993b:64.
[18] Gadotti e Pereira, 1989:357.

tomar os primeiros anos de construção do partido — tema estudado, por exemplo, por Isabel Ribeiro de Oliveira Gómez de Souza (1983) —, a tese de doutoramento em história de Gelsom Rozentino de Almeida é um deles:

> Indo além, o PT assumia um lugar único na política mundial, criticando as experiências socialistas existentes, a burocratização do Estado e do partido, o modelo econômico centralizado, as formas políticas autoritárias etc. E, ao mesmo tempo, assumiria uma posição anticapitalista, recusando trilhar os caminhos da socialdemocracia e do revisionismo, procurando construir um projeto de socialismo efetivamente democrático.[19]

A ênfase na democracia como valor basilar é outro motivo para apontar o PT como novidade. Segundo Gelsom, essa defesa não só diferenciaria o PT, por exemplo, dos partidos comunistas, como seria uma contribuição ao debate de toda a esquerda internacional:

> O PT definia a democracia como uma conquista, resultado de uma série de vitórias dos trabalhadores sobre a burguesia. Todavia, historicamente, a construção da democracia não foi realizada somente a partir de vitórias da classe operária, mas também de derrotas de projetos revolucionários do proletariado. E é no sentido de uma defesa radical da democracia que o PT intervém na disputa político-cultural da sociedade, contrapondo os valores e ideais do socialismo aos do capitalismo, objetivando construir uma alternativa de poder democrática e socialista. Mesmo que o socialismo petista tenha se tornado cada vez mais flexível.[20]

A relação petista com os partidos comunistas merece consideração à parte. Muitas publicações sobre o PCB acabaram indiretamente por traçar paralelos com o PT, mesmo que este não fosse o objetivo dos trabalhos. Num relacionamento conflituoso, cujas cicatrizes ainda hoje são sentidas, as disputas pela hegemonia da esquerda foram o combustível para encontros e desencontros entre petistas e comunistas, e se refletem na literatura produzida sobre ambos. Segundo Rogério Schmitt:

> [o] Partido dos Trabalhadores, surgido do novo sindicalismo paulista dos anos 70, foi a única legenda cujas lideranças mais expressivas não se encontravam na classe política tradicional. O PT, tal como o PCB décadas antes, foi um caso raro de agremiação brasileira surgida de baixo para cima, isto é, fora das instituições parlamentares.[21]

---

[19] Almeida, 2000, v. 2, p. 441.
[20] Ibid., p. 413.
[21] Schmitt, 2000:49.

Gildo Marçal Brandão é um dos autores que, mesmo escrevendo sobre o PCB, acaba problematizando indiretamente o PT. Ele observa que há grandes diferenças entre um partido que nasce fora do sistema político e tenta conquistá-lo ou destruí-lo (caso do PCB) e outro que se organiza participando de eleições, tentando conquistar o poder pelo voto e exercê-lo em seu próprio nome (caso do PT).

> Mais do que isso, o fato de que o segundo respire o ar poluído das grandes cidades industriais, e não o abafado das catacumbas, permite que amadureça, por assim dizer, com mais rapidez, e torne-se, provavelmente, capaz de retificar a própria conduta com menos traumas, sobretudo quando o crescimento eleitoral e partidário acomoda as tensões internas e abre espaço para todos. Nessas condições, o partido transforma-se num elemento de fortalecimento da ordem política democrática, não só porque sua participação a legitima e força os adversários e aliados a se ideologizarem para competir eleitoralmente, como também porque, por meio dele, vêm para a luta política setores que, na sua ausência, tenderiam a optar por métodos de ação direta e insurrecionais.[22]

A política de alianças, segundo Brandão, é outro ponto dissonante entre as trajetórias de PCB e PT. A recusa petista em ampliar suas alianças nos primeiros anos divergiu profundamente da estratégia aliancista dos comunistas.

> Há aqui um novo elemento de identidade e diferença em relação ao Partido dos Trabalhadores. Enquanto a percepção de que, fora dele, tudo era farinha do mesmo saco conduziu até recentemente esse partido a recusar alianças políticas em geral, a diferente extração leninista do PC o arrastou a todo tipo de alianças, na certeza de que nada disso o afetava em sua condição de partido da classe operária.[23]

Como já mencionado, a intenção acadêmica de focalizar a experiência do PT e compreendê-la melhor não se limitou às áreas que tradicionalmente se dedicam ao estudo de partidos políticos. Várias dissertações e teses de outras áreas — como geografia e direito — foram produzidas sobre o PT, utilizando metodologias e paradigmas diversos, mas convergindo na avaliação de que se estava diante de algo novo na sociedade brasileira.

Sérgio Fernandes Alonso, por exemplo, enfoca em sua dissertação de mestrado em geografia a espacialidade do PT, tentando compreender as relações entre espaço e poder. Ele analisa as condições do ABCD, do final dos anos 1970 até 1988, e o crescimento do PT no tempo e no espaço, partindo do pressuposto de que só é possível conhecer o PT conhecendo esse espaço do ABCD, onde o partido nasceu.

---

[22] Brandão, 1997:174.
[23] Ibid., p. 190.

A enorme concentração de corporações transnacionais e nacionais cuja acumulação se dava num quadro dessa ordem possibilita que setores mais organizados da sociedade conscientizem a massa trabalhadora, permitindo, assim, uma importante e igualmente rápida transformação política que se expôs numa nova relação capital/trabalho conhecida por novo sindicalismo. Ou seja, emerge um novo ator na estrutura da sociedade brasileira.[24]

O processo de nacionalização do partido é uma das questões tratadas pelo enfoque geográfico. Afirmando que o PT tem sua emergência a partir da superação das crises vividas pelos atores que o formaram — a crise do sindicalismo *pelego*; a crise do afastamento parlamentar dos movimentos sociais; a crise ética apontada pelos intelectuais; a crise das esquerdas, que levou à politização das massas; e a crise da Igreja, que levou à opção pelos mais necessitados —, Sérgio Alonso descreve como, em menos de uma década, o partido passou da escala local à nacional.

Nascido com espacialidade não-homogênea, mas com pretensões nacionais, iniciou sua caminhada com melhor desempenho nas grandes cidades — sobretudo as industriais, com muitos sindicatos, vida universitária e diocese progressista — e nas áreas rurais, onde a estrutura agrária era mais conflituosa. Na primeira eleição que disputou, em 1982, era um partido eminentemente paulista. Alonso observa que, fazendo uma análise geográfica do país, é possível verificar onde, quando e por que o PT se consolidou mais rápida e solidamente em algumas localidades.

> Os espaços onde o PT efetiva melhor essa contra-hegemonia são exatamente onde se dá em grau máximo a concentração do capital, onde as desigualdades inerentes a essa concentração são mais vividas. Enfim, onde pela contraposição ao capital o PT mais acumulou no centro da luta de classes, onde ele mais teve condições de gerar conflitos.[25]

Outra vertente de estudos sobre a diferença petista que produziu muitas publicações foi a abordagem da construção do PT nos estados. Uma farta literatura regional floresceu em todo o país, debatendo a especificidade da história e das características das seções estaduais do PT. Esse processo não se limitou aos estados mais ricos e industrializados; ao contrário, há trabalhos versando sobre o PT em estados nos quais o senso comum imagina que o enraizamento petista ainda não era tão sólido na década de 1980.

O Pará é um exemplo. Livro de Pere Petit (1996) descreve a trajetória petista naquele estado e conclui, a partir da análise dos resultados eleitorais nacionais, que a distribuição estadual do total de petistas eleitos deputados a partir de 1982 é uma prova de que o PT, sem deixar de incrementar o número de deputados federais e estaduais

---

[24] Alonso, 1993:33.
[25] Ibid., p. 181.

eleitos em São Paulo, foi se tornando, proporcionalmente, cada vez menos paulista e cada vez mais nacional.

A história do PT do Distrito Federal também foi estudada, com ênfase na distinção entre a situação das bases petistas em Brasília e das bases nos demais estados da Federação, por Maria Izabel V. de Carvalho e Úrsula Amélia P. Sampaio (1996). E os desafios para a consolidação do PT no Rio de Janeiro foram tratados, a partir da discussão sobre o V Encontro Nacional, por Lourival de Carvalho (1988).

A especificidade petista durante as disputas eleitorais também deu ensejo a numerosas análises. Apesar de o partido nem sempre ser bem-sucedido na tarefa de construir uma imagem partidária e de articulação das campanhas proporcional e majoritária, como observam Rogério Schmitt, Leandro Piquet Carneiro e Karina Kuschnir (1999) para as eleições de 1996, há uma visão majoritária de que o Partido dos Trabalhadores se distingue por ter uma estratégia, no longo prazo, de primazia da legenda sobre os candidatos.

David Samuels (1997) afirma que o PT pode ser considerado um partido de orientação programática, contrastando com a maioria dos partidos brasileiros, de orientação puramente eleitoral, pois tem como características a responsabilização política (*accountability*) da liderança, democracia intrapartidária, estruturas de recrutamento impermeáveis e um formato organizacional fortemente baseado na atividade da militância. Isso se deve à institucionalização de vários mecanismos de sanção. Ao impor a coesão e procurar difundir a legenda, o PT reduziu os custos de criar uma base de identidade política assimilável por eleitores dispersos em um amplo leque de grupos sociais. Para Samuels, os deputados percebem que seu sucesso como candidatos depende do êxito da organização partidária; e o resultado disso é uma legenda forte em comparação com outras siglas.

Os políticos, segundo Samuels, percebem que, deixando o PT, ficariam desassistidos. Regras como a inexistência de candidaturas natas e a ameaça de expulsão para quem ignora as decisões partidárias produziriam políticos mais facilmente controlados pela estrutura partidária. Com dirigentes recrutados nas camadas inferiores do partido e estímulos ao voto de legenda, o PT se distinguiria por tornar excessivamente alto o preço de um comportamento individualista, por meio da institucionalização de diversos mecanismos de sanção.

Obras para o consumo do grande público também se filiaram à visão do Partido dos Trabalhadores como novidade na política brasileira. É o caso do livro de André Singer sobre o partido. Iniciando com a descrição do momento em que Mário Pedrosa — autor de um artigo dirigido a Lula intitulado "Carta a um operário", clamando pela criação de um novo partido, publicado em agosto de 1978 na *Folha* —, Manoel da Conceição, Sérgio Buarque de Holanda, Lélia Abramo, Moacir Gadotti e Apolônio de Carvalho se encontram em 10 de fevereiro de 1980, no paulistano Colégio Sion, para assinar a ata de fundação do PT, o livro traça toda a trajetória do partido.

> É impossível compreender o Brasil do século 21 sem entender o PT. Não só porque ele detém uma fatia dos postos de controle político, mas também porque

influencia o comportamento dos demais atores. À medida que se mostrou competitivo na arena eleitoral, o partido passou a ser um divisor de águas. Petismo e antipetismo catalisaram segmentos crescentes do eleitorado.[26]

Ressaltando o papel do novo sindicalismo associado à decisiva colaboração teórica dos trotskistas (acostumados, em todo o mundo, a propor a criação de frentes amplas com grande número de frações e caráter internacionalista), a evolução do PT é descrita com ênfase em suas transformações. Em nenhum momento, contudo, o texto abandona a opinião de que o partido representou e representa algo novo na política brasileira e não tem similares no país.

> No dia-a-dia, o PT mostra-se cada vez mais preocupado em realizar governos eficientes, que ampliem a participação direta e que diminuam o grau de exclusão social, sem afastar a classe média e os eleitores despolitizados. Tem ampliado o leque de alianças, e a burguesia não é mais tratada como "inimiga", conforme aparecia nos documentos da década de 80.[27]

A outra força constitutiva do PT em sua origem — as comunidades eclesiais de base (CEBs) — também merece destaque em publicações sobre o ineditismo petista. Marta Harnecker (1994) reuniu entrevistas com fundadores e nomes de expressão do partido que ressaltam a importância dos grupos católicos: frei Betto, por exemplo, sugere que depois do golpe militar as CEBs se tornaram um dos poucos instrumentos de organização popular tolerados pela repressão; Marco Aurélio Garcia, por sua vez, ressalta a capilaridade da Igreja como fator importante para a consolidação do PT.

A experiência no poder

A primeira experiência do PT no governo se deu em 1982, com a eleição de Gilson Menezes — que saiu do PT em 1988 — para a Prefeitura de Diadema (SP). Júlio Assis Simões identifica já naquela experiência um conflito que iria marcar várias outras administrações petistas país afora: o confronto entre eficiência e competência *versus* participação e organização. Até o sucesso das administrações em Porto Alegre, a partir de 1988, muitos trabalhos consideravam que os governos do PT não conseguiam equacionar essas variáveis de forma produtiva. Segundo Simões, o PT de Diadema nunca foi capaz de elaborar um programa de governo para o município, limitando-se às declarações de princípio em favor do controle popular da gestão pública e da atenção prioritária aos mais pobres.

---

[26] Singer, 2001:11.
[27] Ibid., p. 88.

De uma perspectiva geral, a situação de Diadema permitiu verificar como a introdução dos mecanismos participativos resultou na ampliação dos focos de tensão e conflito nas relações entre o governo municipal, o partido e as associações destinadas a expressar a vontade popular... A participação revelou-se um mecanismo conflituoso e frágil para a ambiciosa tarefa de democratizar e regenerar a administração pública; foi, no entanto, o único e indispensável traço ideológico com que a gestão do PT contou, naquela situação, para marcar sua diferença.[28]

Marcos do crescimento petista — e talvez ponto de inflexão na tendência de estudos sobre o PT, por sinalizar que a legenda passava de fato a ser alternativa de poder real —, a eleição e o governo de Luiza Erundina em São Paulo, a maior cidade do Brasil, produziram muitos estudos. O mais importante deles talvez seja o de Cláudio Couto (1995), que discutiu a difícil combinação entre convicções e pragmatismo no exercício do poder e as tensas relações entre governo e partido. O trabalho de Couto é emblemático da tendência de novas abordagens sobre os governos petistas e seus dilemas.

Novamente, textos de áreas disciplinares diversas foram produzidos. Da área do direito, por exemplo, tem-se a dissertação de Joaquim Leonel de Rezende Alvim. Com uma visão pessimista sobre o sucesso do governo Erundina em ampliar o processo de participação popular nas decisões do município, Alvim focaliza novamente o problema que pareceu irresoluto até as experiências de governo em Porto Alegre.

Os entendimentos construídos a partir de uma visão imediatista e um misto de voluntarismo e autocentrismo político-partidário mostraram-se equivocados. O fato de o PT estar no poder, controlando a máquina administrativa, demonstrou não ser suficiente para a construção de noções e práticas de participação na população. As mudanças nas relações entre administração/população fazem parte de um processo de aprendizado, de organização e de incorporação do conflito como forma de gestão. É um processo demorado e, na medida em que não se tem uma tradição de construção dessas práticas, a Administração acaba por ocupar determinados espaços que, teoricamente, estariam reservados para a participação da população.[29]

É no Rio Grande do Sul que o PT encontra e consolida, enfim, sua grande marca de governo, capaz de conciliar sucesso administrativo com ampliação da participação popular: o orçamento participativo. A profusão de estudos (militantes ou acadêmicos) produzidos sobre essa experiência indica sua importância, tanto como instrumento de marketing quanto como política pública emblemática. Segundo Gilson Lima, a experiência mostra que:

---

[28] Simões, 1992:180-181.
[29] Alvim, 1991:147-148.

> É preciso, portanto, que haja uma procura responsável de novas formas de constituir e gerir recursos públicos para efetivar políticas públicas que atendam às diversas necessidades materiais e sociais da população, constituindo um processo complexo, difícil e contraditório de síntese entre as esferas do mercado, do Estado e dos cidadãos organizados na sociedade civil, implementando assim o embrião de uma nova esfera pública democrática no Brasil.[30]

A expressão *nova esfera pública* sintetiza as pretensões do governo petista de Porto Alegre ao institucionalizar a experiência do orçamento participativo. Tarso Genro (2000) sugere que, para orientar políticas públicas socializantes, que se contraponham à lógica de mercado baseada nas desigualdades, é necessário *reinventar* o Estado democrático de direito. A busca de instrumentos de democracia direta, paralelamente à democracia representativa, seria uma das saídas. Tarso Genro e Ubiratan de Souza enfatizam esse conceito.

> Na verdade, a realidade do mundo moderno e a grande exclusão social proporcionada por regimes tanto democráticos como autoritários apontam a necessidade de mudar este conceito. Para, principalmente, buscar um conceito de democracia no qual a conquista do governo, por meio do voto popular, não esgote a participação da sociedade, mas, ao contrário, permita iniciar um outro processo, gerando dois focos de poder democrático: um, originário do voto; outro, originário de instituições diretas de participação.[31]

Os debates sobre a teoria democrática encontraram no orçamento participativo, na expressão de Marcia Ribeiro Dias (2002), um *campo de provas*, em que se enfrentam os dilemas da conciliação entre participação e representação. Segundo ela, apesar das enormes resistências de setores da Câmara Municipal de Porto Alegre, que temiam o esvaziamento da tarefa de representação popular, a experiência inaugurou um *ciclo virtuoso* no imaginário da população, por beneficiar diretamente todos aqueles que se dispusessem a arcar com os custos da participação.

Maria Victoria Benevides indica haver conexão entre o orçamento participativo e a revalorização da democracia direta como parte da construção do socialismo, da radicalização da democracia e do socialismo democrático, e do controle público do Estado.

> E o tema do Orçamento Participativo, que está no âmbito da temática mais ampla da democracia direta, parece-me especialmente importante. Considero que é uma marca de referência importantíssima para o Partido dos Trabalhadores, para uma nova e verdadeira esquerda democrática, propositora de um socialismo, como diz o governador Olívio Dutra, democrático e libertário.[32]

---

[30] Lima, 1993:75-76.
[31] Genro e Souza, 1997:19.
[32] Benevides e Dutra, 2001:19.

Outra expressão que se consolidou junto com a literatura sobre os governos petistas foi o *modo petista de governar*. Tarso Genro conclui que, apesar de o partido admitir tendências e correntes de opinião (que devem estar representadas), o governo é do partido, eventualmente de uma frente.

> É necessário se compor um leque de representações articuladas em torno de um centro político que tome as decisões estratégicas de maneira legitimada, de modo que essas decisões se enraízem dentro do partido, fazendo com que este se sinta representado no governo.[33]

Genro defende a criação de uma coordenação de governo, que reúna representantes de tendências e se preocupe em efetivar as relações com a bancada do partido no Legislativo, cuja autonomia deve ser preservada.

> Essa articulação (com o Legislativo) é fundamental, porque nem sempre a bancada vai ter a mesma posição do governo sobre questões específicas. Por exemplo, muitas vezes a bancada, ou boa parte dela, assumiu posições que, na minha opinião, eram corporativas, querendo forçar o governo a dar aumentos que não podia sob o risco de desestruturar as finanças da prefeitura. Mas ela o fez não por querer sabotar o prefeito. Fez porque são companheiros que estão vinculados a determinadas corporações, que se elegeram por meio de seus votos e que, se não agirem assim, perdem a credibilidade.[34]

Raul Pont pondera que o poder local também é extremamente rico para se construir uma hegemonia política, ao lado das forças sociais aliadas e com os "setores da sociedade que, efetivamente, têm interesses concretos, materiais, de estarem conosco e se reconhecerem nas nossas políticas no momento em que governamos".[35]

Num balanço das experiências de governo do PT, Pedro Pontual e Carla Cecília R. Almeida Silva retomam o velho mote relacionado à frustração de expectativas com a efetiva chegada ao poder e o reconhecimento das limitações:

> As experiências do período 1989-1992 foram, portanto, caracterizadas pelo "choque de realidade". Em primeiro lugar porque houve o reconhecimento da pluralidade dos atores com os quais nos deparávamos no exercício de governo. (...) Foi a partir daí que a idéia da partilha de poder surgiu como contraposição à idéia de delegação de poder absoluto à comunidade.[36]

---

[33] Genro, 1997:18.
[34] Ibid., p. 20-21.
[35] Pont, 1999:38.
[36] Pontual e Silva, 1999:63.

As transformações e as crises de identidade

Sader (1998), um dos primeiros e mais importantes autores a identificar o ineditismo da proposta petista, iniciou uma rediscussão dos rumos tomados pelo partido a partir dos anos 1990. Segundo ele, a expressiva votação do PT nas eleições de 1988 e 1989 veio da força das massas e da força ideológica que a agremiação havia acumulado ao longo da década de 1980. Para ele, o PT tornou-se o grande fator de transformação democrática radical, mas esse processo perdeu o impulso inicial porque o partido não incorporou o marxismo como teoria e como método de análise. Para potencializar o problema, Sader aponta um afastamento da legenda de suas bases sociais.

> Além disso, ele [o PT] deixou de ser um partido presente em todas as lutas sociais como animador e que construía sua força política dessa prática. Sua institucionalização foi profunda, com reflexos na redução do partido praticamente a uma estrutura organizativa central e outras em torno de mandatos conquistados.[37]

Cláudio Gurgel, em sentido similar, afirma que, apesar da fragmentação ideológica, no início havia a esperança de poder transformar o projeto do PT em projeto revolucionário, mas o partido negligenciou algumas tarefas importantes.

> O movimento da história que produziu, entre outros fatos novos, o PT não resgatou o sindicalismo socialista, mas retomou a luta sindical e popular economicista; não recuperou o comunismo, em sua tradição leninista, mas sim elaborou teses antiestatizantes, autogestionárias, quando não socialdemocratas e social-liberais (...) Assim como a versão da novidade esquece o passado e não chama a discussão sobre os desvios embutidos na crítica deste passado, a contraversão da acumulação histórica desconhece que o PT não vem na linha da afirmação, mas nas ondas da negação do recente passado histórico. Submete, portanto, o partido ao mesmo risco que a versão da novidade: a subestimação das várias correções de rumo necessárias e das várias carências ideológicas e orgânicas.[38]

O papel cada vez mais importante das bancadas do partido, até mesmo em relação às finanças partidárias, também foi objeto de discussão acadêmica, refletindo sobre o impacto da ampliação do poder desses novos atores no cenário petista. Relevante estudo sobre esse tema foi produzido por Ana Lúcia Aguiar Melo, que levantou o perfil político e socioeconômico das bancadas petistas no Congresso Nacional. Consultando os deputados, em 1997, a autora concluiu que a democracia interna é menos importante para os parlamentares, que preferem ouvir as bases. A participação na política

---

[37] Sader, 1998:142.
[38] Gurgel, 1989:62-63.

havia sido construída através do próprio PT — 83,4% dos deputados iniciaram-se pelo partido, sendo que 57,79% vinham do movimento sindical e 54,1% tinham um ou mais mandatos legislativos anteriores. A tendência à oligarquização, já observada em estudos mais antigos, aponta o partido como recrutador das elites das massas populares, como também já concluíra Tavares (1994). Segundo a pesquisadora:

> O PT procura manter rígida disciplina de partido e permear a atividade parlamentar, o que gera debates tensos sobre ser o mandato do parlamentar ou do partido. Mas esta decisão de vigilância do mandato tem mantido uma bancada coesa e fiel ao partido.[39]

Ingrid Sarti aponta a dualidade petista quanto a sua missão representativa: ao mesmo tempo em que apresenta características de partido novo — desejo de ocupação de novos atores; crítica à burocracia, ao centralismo, ao autoritarismo, ao reformismo; aglutinação da diversidade social; defesa da democracia e dos movimentos sociais em luta por uma nova cidadania e paradigma das identidades; ênfase no poder local — ainda mantém características de partido velho —, importância da burocracia na vida partidária, profissionalização, ênfase classista, processo de expansão eleitoral e natureza parlamentar do partido. Tal configuração — segundo ela, uma tentativa de amalgamar socialismo ideal e representação democrática, fato que estimularia a luta interna — levaria ao inescapável dilema de escolher a face socialista (projeto público e revolucionário) ou dedicar-se à acomodação entre grupos de interesse de dentro e de fora do partido, assegurando êxito plural, no rumo da terceira via.

> O desafio esbarra na incompatibilidade de traços fundantes do partido e as exigências da mediação partidária, em quadro agravado pela importância que adquire a estrutura partidária no PT. O resultado é ambíguo quando revela o rumo incerto de seu projeto na transição de movimento para partido. É mais grave ainda, porque cínico, quando o projeto corre o risco de se perder na disputa de interesses particularistas que obscurecem a face socialista da oposição que o gerou.[40]

O conceito de dilema é onipresente nesses estudos — desde os trabalhos do final dos anos 1980 e início dos 90 até produções mais recentes. Gisele dos Reis Cruz, por exemplo, que estudou os dirigentes do PT fluminense, observa que eles diferenciam a esfera da ideologia da esfera da atuação política e tentam combinar convicções e pragmatismo. Essa dualidade, para a autora, tenderá a produzir mudanças na composição interna do partido:

---

[39] Melo, 1998:8-9.
[40] Sarti, 1998:242-243.

Desta forma, a tendência é, cada vez mais, as correntes moderadas ganharem espaço, em detrimento das correntes mais ortodoxas, possibilitando que o confronto aqui tratado continue a ser a tônica no partido. Isto é, a utopia revolucionária tende a ceder cada vez mais lugar ao realismo político.[41]

Dualidade similar é discutida por Clóvis Azevedo (1991), que identifica as correntes internas do PT até aquele momento. Ele mostra que conviviam no partido três vertentes de grupos constituintes (sindicalistas, militantes e cristãos de esquerda — grupos não-excludentes entre si), dois blocos partidários (Articulação, corrente majoritária criada em 1983, e correntes minoritárias) e duas ideologias (leninismo e socialdemocracia).

Olavo Henrique Pudenci Furtado (1996), comparando PT e PSDB, aponta exatamente para a existência, no PT, de preocupações socialdemocratas convivendo com uma posição intolerante com a socialdemocracia.

Benedito Tadeu César (1995) apresenta, por sua vez, características dos quadros petistas que revelam um partido em transformação, como já haviam sugerido outros estudos: o processo de envelhecimento é uma realidade, e a acumulação de tempo de militância se consolida como critério para subir na hierarquia; as mulheres estão proporcionalmente mais presentes nos níveis inferiores de direção do que nos superiores; o partido tem mais negros e menos pardos em relação proporcional à população brasileira; os militantes apresentam altíssima escolaridade, tanto na direção quanto nas bases; e a renda dos estratos dirigentes é maior do que a média brasileira e do que a da base do partido.

Mauro Gaglietti (1999), por sua vez, concentra seus estudos não na composição dos estratos dirigentes ou dos quadros médios, mas nos padrões de militância na cidade de Porto Alegre. Três padrões foram identificados: missão (devoção a uma causa do socialismo democrático, humanista e da justiça social), colocação (estratégia de profissionalização no governo ou no partido) e sociabilidade (o partido é encarado como uma grande família e uma microssociedade, propiciando a integração ao grupo).

A pesquisa demonstrou que, de maneira geral, é a adesão a uma tendência ou corrente que proporciona ao militante a vivência dos processos de identificação e individualização, pelo menos num primeiro momento — o que estimula comportamentos concorrenciais e conflituosos dentro do partido.

Enfim, sobretudo ao longo dos anos 1990, o eixo temático fundamental de análises sobre o PT abandona o exclusivo discurso da diferença, passa a incorporar o debate sobre as experiências governamentais e produz profícuos estudos sobre os dilemas e crises de identidade do PT. Florestan Fernandes já antecipava essa tendência ao escrever *O PT em movimento*, no qual o sociólogo antevê, por exemplo, o abrandamento da estreita política de alianças que caracterizou os primeiros anos do partido.

---

[41] Cruz, 1997:113.

Tem de examinar melhor (...) o campo da esquerda encarado como totalidade. Os vários setores e facções da classe burguesa são capazes de entrosar interesses divergentes quando se sentem (ou supõem que se sintam) ameaçados. (...) O PT não pode se eximir da obrigação fundamental de congregar as verdadeiras forças sociais inconformistas e de esquerda.[42]

Nessa linha de abordagem das transformações petistas, estudos recentes, publicados já durante o exercício do mandato de Lula, reafirmam os aspectos partidários que se alteraram, por exemplo, durante as diversas campanhas presidenciais. Oswaldo Amaral (2003) sinaliza para essa questão ao apontar as mudanças significativas ocorridas nos programas de governo de 1989, 1994, 1998 e 2002.

A lógica da degeneração

Enquanto muitos trabalhos já indicam os dramas de identidade e os desafios das escolhas com os quais o PT passa a se defrontar em virtude de seu próprio sucesso eleitoral, outros não podem ser classificados como indicadores de tendências — esses textos, ao contrário, afirmam peremptoriamente que o projeto petista degenerou.

Trabalho exemplar dessa tendência é o de Cyro Garcia: chamando atenção para o fato de que, a partir das vitórias para as prefeituras em 1988, o PT começava a dar largos passos em direção à integração ao regime, sua dissertação de mestrado em história afirma que o aumento do número de funcionários de gabinetes e parlamentares nas instâncias partidárias levou a um predomínio de assessores na vida orgânica do partido. Isso o distanciou de seus pressupostos originais, abrindo espaço para propostas socialdemocratizantes e institucionalizando a agremiação — o que a teria afastado de seu papel de organizadora e mobilizadora social.

> É inegável que, do ponto de vista eleitoral, o PT continua crescendo, porém sua proposta perdeu em substância e, para nós, deixou de ser este instrumento transformador da história de nosso país. Não podemos abstrair o fato de que as transformações que ocorreram no processo produtivo, com a implementação do neoliberalismo em nosso país, bem como a derrota do chamado socialismo real no Leste europeu, causaram um profundo impacto neste processo.[43]

Com a burocratização e a consolidação de um projeto reformista — expressas, segundo Garcia, pela expulsão em 1992 da Convergência Socialista, que se juntou ao Partido da Frente Socialista para fundar o PSTU —, ele conclui que o PT já havia se alterado em vários aspectos: indefinição do projeto socialista, mudanças na política de

---

[42] Fernandes, 1991:79-80.
[43] Garcia, 2000:38.

alianças, utilização do conceito de hegemonia para defender o gradualismo e a institucionalização (definição de ruptura revolucionária como processo, não como momento), abandono da luta antiimperialista (a tese da suspensão do pagamento externo é deixada de lado) e diluição do papel do operariado.

> Cada vez mais, o espaço institucional passa a ser privilegiado em detrimento das lutas sociais. O conceito marxista de luta de classes deu lugar a um conceito difuso de direito à cidadania, segundo o qual os trabalhadores são vistos como cidadãos sem nenhuma clivagem de classe, diluindo-se o papel da exploração capitalista.[44]

Se, pela crítica à esquerda, o PT degenerou por abandonar suas propostas revolucionárias, outras vertentes o criticam pela degeneração de seu discurso democrático — e o conseqüente não-abandono da proposta socialista revolucionária. É o caso de José Giusti Tavares, que acusa o partido de não ter um programa de governo porque seus objetivos não são realizáveis por meios governamentais, mas apenas por meios revolucionários. "Em outros termos, porque não possui objetivos de governo mas de revolução".[45]

A acusação é ainda mais ampla: Giusti teme que o PT conspire contra a própria ordem constitucional:

> Combinando a participação legal nas instituições do governo representativo com a mobilização extralegal, pela via dos movimentos sociais, da participação heterônima das massas, a estratégia da dualidade de poder busca debilitar e paralisar não apenas os partidos adversários, que eventualmente ocupam o governo, mas, ao fim e ao cabo, a própria ordem pública constitucional. Essa tem sido a estratégia adotada pelo PT no município de Porto Alegre com o denominado Orçamento Participativo.[46]

Giusti diz que o PT é dominado pela decepção e pelo ressentimento, contendo uma nova *intelligentsia* comunista" que não alimenta qualquer utopia e não possui sequer um programa de governo, exatamente porque ele não seria realizável por nenhum governo numa democracia constitucional.

> Seu objetivo, dissimulado por uma miríade de projetos políticos exóticos, que atraem o apoio de minorias desajustadas, passa a ser a erosão dos valores, da cultura e das instituições do sistema político brasileiro. Adota, como o niilismo russo, uma atitude religiosa de negação radical do mundo, con-

---

[44] Garcia, 2000:119.
[45] Tavares, 2000a:72.
[46] Ibid., p. 143.

vertendo a política num jogo de tudo ou nada e confiando a outra geração a tarefa de edificar algo sobre a terra arrasada.[47]

As críticas de Giusti ao PT, em especial à seção gaúcha, o levam à conclusão de que o partido é autoritário e tem dificuldade de participar regularmente do governo da Federação. Como o totalitarismo tem visão holista e monista do mundo,

> (...) na concepção política do PT, simplesmente não há lugar para a distinção complexa, delicada e sutil — sobre a qual, entretanto, se ergue a democracia constitucional — entre Estado (...), governo (...) e partidos (...).[48]

Lacunas de conhecimento a preencher

A revisão bibliográfica sugere haver lacunas ainda não preenchidas para compreender melhor algumas facetas do Partido dos Trabalhadores. A questão que nos interessa especificamente no momento — como os deputados federais petistas desenvolvem suas próprias estratégias individuais de sobrevivência política no contexto de um partido que regula fortemente a atividade parlamentar — não é plenamente respondida pelos trabalhos analisados, apesar de alguns deles contribuírem firmemente para a indicação de caminhos pertinentes.

Conseqüentemente, é na interseção da lógica entre maximização eleitoral de cada agente político (pressupondo-se o desejo de continuidade na carreira) e oportunidades oferecidas pelas instituições (concebidas como sistemas públicos de regras) que tentaremos entender os rumos e os motivos das escolhas estratégias efetuadas pelos parlamentares petistas.

Para isso, é indispensável conhecer o arcabouço institucional do partido. Os estímulos e as punições atribuídos a cada tipo de comportamento e os valores partidários relativos à questão da representação serão, portanto, discutidos no próximo capítulo.

---

[47] Tavares, 2000a, p. 14.
[48] Ibid., p. 65.

CAPÍTULO 3

O arcabouço institucional petista

A representação política em discussão

As instituições representativas devem ser espelhos (que refletem o mais fielmente possível quem representam) ou filtros (que desenvolvem mecanismos eficazes para selecionar líderes capazes de tomar as decisões acertadas em nome dos representados)? O longo debate sobre sistemas representativos, que já se estende por séculos, em grande medida reproduz em seus argumentos essa preocupação central: que valores devem nortear a organização e a atuação dos corpos representativos que tomam decisões em nome de coletividades?

Discutir o papel central da representação, suas finalidades, seus fundamentos, seu funcionamento e as diferentes perspectivas em relação ao problema não é investir tempo em análises etéreas; ao contrário, é chegar a um dos cernes do debate sobre política. Como observa Bernard Manin (1997), a democracia, por exemplo, não pode ser entendida como portadora de um único e consensual valor. São diversos os processos valorativos relacionados a ela, de forma que não se pode imputar superioridade a um sistema eleitoral-representativo sobre outros sem considerar que valores embasam cada um deles, ou que princípios eles pretendem na prática maximizar.

O mesmo se dá no que diz respeito às condições de representação: elas são diferentes respostas ao problema de como dar conta da delegação política. Variantes mais isonômicas ou elitistas constituem formas de resolver a questão com base em receituários de tradições opostas. O exercício da representação pode ter diferentes focos (local ou nacional, por exemplo) e estilos (mandatos livres, virtuais, ou imperativos, delegados).

Os representantes devem ser portadores de características distintas dos representados?[49] Sobre esse ponto — o princípio da distinção —, Manin conclui que as eleições são, inexoravelmente, um compósito de princípios igualitários com premissas aristocráticas, já que existem fortes indicadores oligárquicos na vida eleitoral e o mandato estritamente delegado é impossível, pois não há, por exemplo, como definir previamente toda a agenda do debate parlamentar.

Se a representação, na prática, opera com inegável parcela de virtualidade e existem componentes oligarquizantes na democracia, isso não quer dizer que os mandatos imperativos sejam peça de ficção. Tanto não são que a idéia que os embasa é suficientemente sólida para permitir críticas a sistemas virtuais como descompassados com os desejos dos representados. Trata-se, portanto, de uma questão de grau: assim como os diversos arranjos institucionais democráticos têm ênfases na soberania popular ou na proteção às liberdades das minorias (Manin arrolou vários sistemas que acolhem, em diversas medidas, esses princípios), também a organização dos corpos representativos permite combinações em que mandatos são exercidos de forma mais virtual ou mais imperativa, em diferentes escalas.

Apesar de a maior parte do debate ter sido gerada a partir da análise dos parlamentos nacionais, a lógica funciona exatamente da mesma forma quando o objeto de estudo é uma unidade menor. Os mesmos problemas de representação que existem entre eleitores e deputados, por exemplo, também existem entre militantes e instâncias decisórias de um partido. O objetivo deste capítulo, portanto, é verificar, à luz da discussão sobre os princípios teóricos fundamentais, como se posiciona o Partido dos Trabalhadores diante do problema da representação.

Como historicamente foram normatizadas as relações entre partido e ocupantes de cargos eletivos? As idéias do PT sobre organização do sistema político e sobre representação se filiam a que perspectivas? As teses apresentadas para debate no último grande foro petista — o II Congresso do partido, que se realizou em 1999 — e as deliberações ali definidas apresentam mudanças nessa área? O novo Estatuto do partido, em vigor desde 2001, representa alterações significativas? E o processo eleitoral de 2002, em que as alianças políticas — por exemplo, com o Partido Liberal — geraram grande insatisfação interna, provocou modificações quanto à questão do arcabouço institucional petista?

Estas são as perguntas que pretendo responder, sem nunca perder de vista que a simples análise de documentos não basta para compreender como se dá a prática partidária; contudo, conhecer esses elementos é a primeira tarefa para elucidar o real funcionamento da instituição. Em seguida, veremos alguns dos principais problemas teóricos relacionados com as regras democráticas e com o exercício da representação, seus diferentes fundamentos e conexões. Mais adiante, trataremos sistematicamente dos documentos oficiais do PT que abordam o problema representativo e das teses que

---

[49] Manin, 1997:94.

foram discutidas no II Congresso do partido, das mudanças estatutárias e da conjuntura do debate eleitoral de 2002.

As principais dicotomias quanto aos sistemas políticos

Como já mencionado, duas metáforas são muito utilizadas para expressar as formas de encarar as principais funções de um corpo representativo: o espelho, que reflete a real dispersão de preferências do conjunto de representados; e o filtro, que, numa visão elitista, sugere como principal tarefa da representação propiciar a seleção de líderes capazes de dar respostas adequadas às demandas da coletividade, mesmo que não representando todos os seus segmentos.

Em certo sentido, é possível identificar essa mesma dicotomia em outra oposição clássica utilizada nas análises de sistemas políticos: em grande medida, as regras democráticas podem ser reduzidas à disputa majoritarismo *versus* consensualismo. Essas alternativas configuram macromodelos explicativos do funcionamento de todo o sistema eleitoral e partidário, mas nada impede que sejam usadas no estudo de uma unidade menor, como um partido político.

Arend Lijphart (1996) afirma que a resposta majoritária insiste na operação do sistema com base na regra da maioria, enquanto o modelo consensual procura representar o máximo possível de diferentes pessoas e grupos, impedindo que minorias sistematicamente não representadas sejam estimuladas a buscar outras vias, que não a institucional, para se fazerem ouvir.

Além de Lijphart, outros autores tentaram verificar se a predominância de um desses modelos implicava diferentes resultados de políticas públicas. Markus Crepaz (1996), por exemplo, constatou que as democracias consensuais gastam mais com políticas sociais que as majoritárias. Manfred Schmidt (1996), por sua vez, verificou que as democracias majoritárias facilitam a implantação de políticas públicas de perfil partidário (é mais fácil mensurar o impacto dos partidos nas mudanças), enquanto o modelo consensual dificulta isso (pois a oposição também tem grande ingerência nas decisões).

O debate majoritarismo/consensualismo tem grande conexão com o problema da representação: o argumento oligárquico de que regras boas são aquelas que selecionam bons líderes e dão agilidade de decisão a eles pode estar associado (apesar de não necessariamente, como o exemplo britânico moderno demonstra) à concepção de mandato livre ou virtual. Nessa visão, os bons líderes não precisam da outorga explícita dos representados para tomar uma decisão correta, até porque os representados não têm competência para saber o que é melhor.

É curioso que a idéia elitista que está na base do argumento do Parlamento como filtro e, portanto, na contramão de um Parlamento que possa espelhar todos os segmentos sociais tenha tido como modelo principal o caso britânico, exatamente onde hoje há altíssimo grau de coesão partidária e pouquíssimos estímulos para uma atuação parlamentar do tipo virtual.

A história da partidarização do sistema parlamentar britânico, como observou Gary Cox (1987), é a chave para a explicação: a maior complexidade social e o aumento da competição, sob novas regras eleitorais, levaram os deputados a concentrar poder no gabinete. Um problema de ação coletiva — os deputados eram chamados a participar cada vez mais, mas o excesso e a complexidade do trabalho os impediam, entupindo a agenda — os levou a utilizar o partido como atalho informativo e a aumentar a coesão (até porque os partidos passaram a ser relevantes para as ambições individuais de cada um deles). O fenômeno da partidarização do sistema britânico fez com que os deputados não tivessem mais um mandato virtual, como ocorreu por séculos.

Mas o fato é que as idéias básicas do majoritarismo, do Parlamento-filtro e do mandato virtual se aproximam, assim como são interligadas as concepções do consensualismo, do Parlamento-espelho e do mandato delegado: se as minorias conseguem se fazer representar no Parlamento, é natural esperar que os representantes destas tenham uma conexão maior com suas bases, que exercerão sobre o deputado uma influência mais imperativa.

Como cada sistema enfatiza diferentes valores, os resultados obtidos podem ser considerados bem ou malsucedidos, dependendo das posições de quem avalia. Lijphart (1997) vê em alguns mecanismos típicos do consensualismo — voto proporcional, por exemplo — um forte estímulo à participação política. Já John Hubber e Bingham Powell Jr. (1994) identificam no majoritarismo maiores possibilidades de garantir a *accountability* — ou seja, as preferências do eleitor mediano são efetivamente representadas na formação do governo e na geração de políticas públicas, havendo responsividade em relação ao desejo popular.

O conceito de responsividade está no centro do debate sobre representação desde o clássico trabalho de Hanna Pitkin (1967). Celso Fernandes Campilongo (1988) afirma que o conceito anterior de congruência, desenvolvido por Warren Miller e Donald Stokes (1963) — a idéia de que as preferências dos eleitores, em determinados assuntos, são necessariamente levadas em conta pelos deputados —, tinha dificuldade de dar conta de problemas como a incapacidade de os eleitores expressarem seus desejos sobre questões específicas, até porque poucos deles têm posições claras e coerentes sobre políticas públicas (há desinformação e desinteresse).

Associado à tese da apatia das massas, de origem elitista, esse fenômeno apontaria muitos limites ao uso do conceito de congruência. Foi para tentar explicar uma sociedade complexa, na qual a representação era cada vez menos congruente, que, segundo Campilongo, o conceito de responsividade de Pitkin surgiu, afirmando que sem responsividade não ocorre representação. Trazendo o problema para a questão específica deste capítulo, a pergunta relevante, conseqüentemente, é se o tipo de relação que se estabelece no PT entre segmentos representados e representantes e entre partido e deputados pode ser considerado responsivo.

A resposta a essa indagação está umbilicalmente ligada às concepções sobre o tipo de regra democrática tida como mais justa para a ocupação de espaços no partido (do modelo majoritário ou do consensual?), sobre o tipo de corpo representativo que se imagina mais democrático (aquele organizado como filtro ou como espelho?) e sobre o tipo de mandato representativo, em todos os níveis, com o qual se concorda (virtual ou delegado?).

Evidentemente, num partido com tensões internas, não há consenso absoluto quanto a esses pontos, mas podem-se identificar posições prevalecentes. É preciso verificar como o partido normatiza essas questões para entender quais são as posições hegemônicas e, numa avaliação ao longo do tempo, para indicar se houve mudanças nos balanços internos de poder entre os defensores dessas concepções.

Os valores da representação nos documentos petistas

A idéia de organizar um partido que se identificasse com a causa de todos os trabalhadores brasileiros, encontrada em documentos produzidos em congressos anteriores à fundação do PT, justificava essa opção com argumentos representativos. Considerado o primeiro documento importante do processo que desembocaria na fundação do partido, a *Tese de Santo André/Lins*, aprovada em 24 de janeiro de 1979 no IX Congresso dos Trabalhadores Metalúrgicos, Mecânicos e de Material Elétrico do Estado de São Paulo, defende a criação de uma nova agremiação que efetivamente representasse o projeto dos trabalhadores, uma vez que o partido de oposição — o MDB — era incapaz de fazê-lo:

> As aberturas democráticas que estão se delineando não representam, nem de longe, o fim da exploração a que os trabalhadores estão submetidos; ao contrário, os ditadores tentarão utilizar novas formas de acaudilhar os trabalhadores para seus projetos políticos. Isto coloca na ordem do dia a articulação de uma saída para esta situação. Fazer isso é lançar-se na luta pela independência política dos trabalhadores, que se expressa na construção de seu partido. O MDB, hoje o único partido legal da oposição no Brasil, pela sua composição heterogênea, não pode cumprir este papel.[50]

O documento subseqüente, a *Carta de princípios*, de 1º de maio de 1979, aprofunda a crítica à não-representação dos trabalhadores na política. O texto não só aponta as limitações da oposição ao regime militar como também rejeita as identidades partidárias do regime democrático anterior:

> Cientes disso também é que setores das classes dominantes se apressam a sair a campo com suas propostas de PTB. Mas essas propostas demagógicas já não mais conseguem iludir os trabalhadores, que, nem de longe, se sensibilizaram com elas. Esse fato comprova que os trabalhadores brasileiros estão cansados de velhas fórmulas políticas elaboradas por eles.[51]

---

[50] Almeida, Vieira e Cancelli, 1998:47.
[51] Ibid., p. 50.

Retomando a questão do princípio da distinção abordado por Bernard Manin (1997), pode-se dizer que o desejo profundo das entidades que aglutinaram o PT era construir um partido em que os representantes tivessem de fato as mesmas características dos representados. Todo o discurso petista sobre a importância de fazer o partido *de baixo para cima* revela a concepção da qual as propostas petistas surgiram.

> Repudiando toda forma de manipulação política das massas exploradas, incluindo sobretudo as manipulações próprias do regime pré-64, o PT recusa-se a aceitar em seu interior representantes das classes exploradoras.[52]

A *Carta de princípios* começa então a delimitar as idéias centrais sobre organização interna, com um forte sentimento antielitista que marcaria o discurso petista ao longo de anos. Em oposição aos comunistas defensores de conceitos leninistas e stalinistas baseados na centralização e na burocratização da máquina partidária, o PT insistia na necessidade de associar a luta socialista à democracia.

> Um partido que almeja uma sociedade socialista e democrática tem que ser, ele próprio, democrático nas relações que se estabelecem em seu interior. Assim, o PT se constituirá respeitando os direitos das minorias de expressarem seus pontos de vista. Respeitará o direito à fração e às tendências, ressalvando apenas que as inscrições serão individuais.[53]

Mas a convivência do partido com suas tendências internas nem sempre foi vista como qualidade. No decorrer dos anos, as tensões se agravaram ao ponto de ser necessária uma normatização sobre o assunto, o que ocorreu mais sistematicamente no V Encontro Nacional, em 1987. Rejeitando a visão do PT como uma frente política, a resolução impunha condições para o funcionamento das tendências — estavam vedadas, por exemplo, estruturas com disciplina, representação política, finanças externas e jornais públicos (para não-filiados) próprios.

Apesar disso, o documento ressalvava a possibilidade de os grupos se constituírem como tendências internas, designando tendência como um grupo de petistas que se organiza para defender posições dentro do partido, distinguindo as articulações e os blocos que se formam apenas nos períodos dos encontros.

> Sendo democrático, o PT admite em seu interior a disputa ampla entre diferentes opiniões. Acredita que somente a mais ampla liberdade de pensamento e o incentivo ao debate político poderá (*sic*) torná-lo genuína fonte de conhecimento e fortalecê-lo como instrumento de ação dos trabalhadores. (...) O PT vê como natural a formação, em seu interior, de agrupamentos para defender posições políticas, cujas reuniões, debates e trabalhos tenham

---

[52] Almeida, Vieira e Cancelli, 1998:53.
[53] Ibid., p. 54.

caráter transparente ao partido e estejam voltadas exclusivamente para a vida interna do PT (...) É rigorosamente incompatível com o caráter do PT a existência, velada ou ostensiva, de partidos em seu interior, concorrentes com o próprio PT.[54]

Paralelamente a essa normatização, o mesmo encontro tratou de outro tema sempre presente nas discussões partidárias e que ganhava então também uma resolução específica: a proporcionalidade, um princípio fundamental no desenho institucional do partido desde seus primórdios. Como observou Lijphart (1997), a opção pela proporcionalidade tende a produzir atores mais participativos no processo político.

E a conjunção de atores mais participativos num ambiente com forte presença de subgrupos levou os petistas a multiplicarem os processos representativos em outros foros: além da mediação entre representados e representantes (dentro do próprio partido ou referindo-se a ocupantes de cargos eletivos), outras instâncias mediadoras — as tendências — passaram a cumprir relevante papel na dinâmica de composição das direções partidárias.

Outra forte presença no debate petista sobre representação é a visão dos mandatos partidários como estritamente delegados pelo partido. As normatizações sobre fidelidade partidária e as cartas eleitorais, sobretudo as do IX Encontro Nacional, em 1994, concebem os mandatos em cargos eletivos (executivos ou parlamentares) como mandatos partidários a serviço do programa partidário.

> As instâncias partidárias e as bancadas respectivas procurarão, sempre, praticar o exercício coletivo das decisões e dos mandatos, assegurando a todos os parlamentares o acesso ao processo decisório e obrigando todos ao cumprimento das decisões coletivas (...) As bancadas estão subordinadas às deliberações das instâncias de direção partidárias.[55]

Os limites impostos à autonomia dos representantes ficam claros na Carta Eleitoral de 1994, que permite punições para os que a desrespeitarem. Entre outras medidas, a carta estipula que os parlamentares tenham reuniões periódicas com as respectivas instâncias partidárias e as consultem sempre que houver projetos polêmicos em pauta. Segundo as normas petistas, outro instrumento condenado é a possibilidade de que representantes tenham prerrogativas especiais em virtude de sua condição.

> Os candidatos comprometem-se a abrir mão de quaisquer privilégios que estabeleçam favorecimentos e desigualdades no interior do PT. Nenhum parlamentar pode invocar essa condição para pleitear candidatura nata à reeleição, tratamento diferenciado nos programas partidários de TV e rádio ou qualquer privilégio ou regalia.[56]

---

[54] Ver "Resolução sobre tendências", em Almeida, Vieira e Cancelli, 1998:356-357.
[55] Ver "Resolução sobre fidelidade partidária", em ibid., p. 607.
[56] Ibid., p. 609.

O cenário institucional do PT, desde sua fundação, portanto, é claro: defesa de ideário consensualista (na medida em que prevê a participação ativa das minorias nos processos decisórios e na constituição das direções, via proporcionalidade), os corpos representativos devem ter relação especular com a base e os mandatos devem ser exercidos de forma imperativa, concebidos como partidários. Não há qualquer dúvida de que foram estas as concepções que nortearam por muito tempo a fundamentação institucional do partido. Mas há pressões no sentido de que o crescimento do partido o force a exercer outro tipo de representação? Tudo indica que sim. À medida que os encontros nacionais se acumulam, percebe-se claramente uma tendência à adoção de resoluções que permitam tanto aos representantes quanto à direção partidária um maior grau de autonomia decisória. Uma resolução sobre *construção partidária* aprovada no X Encontro Nacional, em 1995, fala explicitamente da necessidade de garantir maior agilidade ao processo decisório interno.

> Nosso Partido precisa superar sua crise de governabilidade e construir uma direção que seja representativa (...) para além das tendências. A nova direção tem que superar esta crise de governabilidade, tomando decisões, executando a política deliberada pelas instâncias democráticas do partido (...). A governabilidade está ligada a um processo democrático de tomada de decisões. (...)[57]

Se, como observa Samuels (1997), o PT é um partido que estimula o voto de legenda e apresenta grande coesão parlamentar num sistema caracterizado por elementos antipartidários; se é verdade que o arcabouço institucional petista ainda apresenta grande espaço de participação para os filiados; se ainda há, como vimos, normatizações baseadas firmemente em concepções de representação de todos os segmentos partidários; enfim, se é indiscutível que todo o arcabouço petista se ergueu para impedir tentações oligárquicas, também é verdade que alguns movimentos do partido em anos recentes se deram em sentido contrário.

O episódio da intervenção no Rio de Janeiro, em 1998 — na qual a direção nacional anulou a decisão da seção fluminense do partido de lançar a candidatura de Wladimir Palmeira ao governo do estado —, é um dos elementos comprobatórios disso. A medida — tomada em nome da preservação da aliança nacional com o PDT, que exigia como contrapartida a seu apoio a Lula o apoio petista a seu então candidato ao governo do Rio, Anthony Garotinho — representou na prática a desconsideração da opinião expressa pelo conjunto dos filiados fluminenses, cuja decisão foi revertida por ato do Diretório Nacional.

O clamor da direção partidária por maior autonomia decisória, o crescimento institucional do partido, a mudança significativa de sua composição, o inequívoco processo de profissionalização, a ampliação da política de alianças eleitorais e a pressão dos parlamentares no sentido de criar mandatos que atendam melhor às suas cone-

---

[57] Almeida, Vieira e Cancelli, 1998:634.

xões eleitorais são elementos que indicam a tendência de que, no futuro, processos de mudanças significativas podem se dar no partido, sobretudo a partir dos desafios que vem enfrentando o governo Lula.

As teses discutidas no II Congresso do PT

No final de 1999, o PT organizou seu II Congresso, que decidiu por mudanças no Estatuto e em outros documentos básicos do partido. Examinar o que algumas teses propuseram, além de verificar o que foi aprovado pelo congresso, pode constituir um meio de analisar os movimentos já realizados ou que estão sendo propostos em relação à estruturação interna do partido e, portanto, à questão representativa.

Entre os vários cadernos de debates que o partido imprimiu, o primeiro — *O que está em jogo neste II Congresso* — já apresenta certos elementos centrais presentes na discussão interna. Algumas propostas tentavam retratar os problemas que o partido vinha enfrentando, como o texto assinado por Arlindo Chinaglia, Fernando Ferro e João Fassarela:

> E não podemos negar nem tampouco fugir de nossos erros. Vícios como a filiação sem critérios, a ausência de contribuição financeira para o PT, núcleos com milhares de filiados que só aparecem às vésperas de encontros, o peso da militância remunerada, a centralização política nos executivos e gabinetes parlamentares (...) Sabendo que o partido e os sindicatos têm se burocratizado, que a democracia interna tem sido ofendida, que a iniciativa e a criatividade têm sido relegadas a segundo plano, que na luta interna alguns têm recorrido a métodos condenáveis (...) O partido só voltará a se oxigenar se encontrar um eixo tático de mobilização (...) que devolva a confiança aos militantes, e que elimine tanto o vício burocrático como a idéia de que podemos superar tal situação atuando como fração instalada em postos de direção.[58]

A ruptura dos paradigmas tradicionais de mandatos delegados é abordada em vários outros textos, reafirmando a avaliação de que a maior institucionalização do partido realmente produziu transformações importantes. Se isso já havia sido constatado por vários trabalhos acadêmicos, agora eram os próprios petistas que apontavam a existência do fenômeno. Vitoria Cancelli aborda o problema em texto que figura no mesmo caderno:

> Nosso partido vive uma crise sem precedentes (...) Trata-se de seguirmos sendo um partido político ou passarmos a ser um consórcio de personalida-

---

[58] Chinaglia, Ferro e Fassarela, 1999:23.

des que, de dois em dois anos, se utilizam da legenda para fins eleitorais (...) As discussões e decisões políticas estão cada vez mais restritas (...).[59]

Mas aquilo que alguns setores encaram como sintoma da perda da identidade petista outros consideram processo natural do crescimento partidário. Texto escrito pelo presidente José Dirceu e por Marco Aurélio Garcia apresenta uma série de sugestões para melhorar o desempenho do PT, mas não concorda com o que definem de visão *saudosista* de alguns setores:

> Não há como voltar às origens do PT, como alguns proclamam. O Brasil do fim do século não é aquele de 20 anos atrás (...) Governamos milhões de brasileiros e temos de prepararmo-nos para governar o país. Isso exige reforma profunda do partido, de suas finanças, organização, comunicação, relações com a sociedade e reforçar a intervenção internacional do partido.[60]

Na mesma linha, José Genoíno e Ozeas Duarte insistem na tese de que o partido precisa ganhar agilidade operativa:

> A superação dessas deficiências se faz tanto mais urgente na medida em que o partido precisa dar respostas concretas a alguns desafios, dentre os quais destacamos três: 1) a necessidade de imprimir maior eficácia nas ações dos governos executivos do PT (...), 2) a necessidade de recuperar uma maior iniciativa e ofensividade na ação do Partido e de suas bancadas (...), 3) a necessidade de retomar com intensidade a ação do movimento social (...).[61]

Diante dessas divergências — e do equilíbrio relativo das forças em contenda no partido —, a resolução do II Congresso foi modificar parcimoniosamente o arcabouço de normas e regras de organização interna. Apesar de os setores moderados do PT terem mais uma vez conseguido maioria para chegar aos postos principais de comando da máquina partidária e terem aprovado a maior parte de suas propostas, as normas que emergiram do II Congresso não alteraram significativamente os pilares fundamentais do partido quanto à questão representativa ou ao caráter dos mandatos parlamentares.

Houve modificações, que se consubstanciaram no novo Estatuto do partido, aprovado em 11 de março, com texto final revisado em 6 de abril de 2001, mas cujas bases haviam sido lançadas naquela discussão: a instituição, a partir de 2001, dos processos de eleições diretas (PEDs) para as direções partidárias (em todos os níveis, com voto em separado para presidente); a ampliação para três anos do exercício do man-

---

[59] Cancelli, 1999:19.
[60] Dirceu e Garcia, 1999:16.
[61] Genoíno e Duarte, 1999:18.

dato das direções partidárias; a oficialização de mecanismos de consultas aos filiados (prévias, plebiscitos e referendos); e a adoção da Carteira Nacional de Filiação.

Contudo, os documentos reiteraram os compromissos históricos com os valores e as concepções tradicionais sobre a responsividade da representação. Mantiveram-se inalterados nos textos os princípios de proporcionalidade nas disputas e de definição de todos os exercícios de representação — seja das direções partidárias, seja dos petistas eleitos para funções públicas — como definitivamente não-virtuais, ou seja, como passíveis de controle por outras instâncias partidárias. Exemplo da permanência dessa lógica é o art. 72 das Resoluções do II Congresso:

> As bancadas terão seu representante nos diretórios e respectivas executivas; no Diretório Nacional e na CEN a representação será do líder no Senado e na Câmara Federal. As bancadas de parlamentares (que são instâncias do partido) estão subordinadas às instâncias de direção partidária, aos princípios programáticos do PT e devem observar todas as Resoluções adotadas pelos Diretórios correspondentes e demais instâncias superiores do partido. As propostas de políticas públicas do partido, bem como os projetos de lei dos parlamentares, devem ser elaboradas conjuntamente, envolvendo os parlamentares, os dirigentes, as secretarias e respectivas assessorias. O parlamentar, desde sua indicação como pré-candidato a cargo legislativo, reconhece que todo mandato eletivo pertence ao partido e que suas instâncias poderão adotar as medidas necessárias para reter esse mandato quando deixar a legenda ou dela for desligado. A candidatura nata no PT não existe. Todo parlamentar petista deve combater com rigor qualquer privilégio ou regalia decorrente do cargo que ocupa.[62]

As determinações do novo Estatuto sobre a questão da representação

No que se refere às relações entre o partido e as demais instâncias e órgãos partidários, o novo Estatuto do PT reafirma os compromissos tradicionais. Todos os filiados e organismos constitutivos são expressamente definidos como integrantes de uma organização que interferirá, em alguma medida, em suas condutas e decisões. E isso se expressa, por exemplo, em seu art. 14:

> Art. 14. É dever do filiado: (...)
>
> §1º O filiado investido em cargo de confiança na administração pública, direta ou indireta, deverá exercê-lo com probidade, fidelidade aos princípios programáticos e à orientação do Partido.

---

[62] *Caderno de resoluções do II Congresso Nacional do PT* (1999:14).

§2º O disposto no parágrafo anterior também se aplica ao filiado detentor de mandato eletivo.

§3º Os filiados a que se referem os parágrafos deste artigo, quando convocados pelo Diretório a que pertençam ou pelas instâncias superiores do Partido, deverão prestar contas de suas atividades.

Os arts. 17 e 18 estabelecem quais são as instâncias (Congresso Nacional; encontro nacional, encontros estaduais, encontros municipais, encontros zonais; diretórios; comissões executivas; núcleos de base; setoriais) e órgãos partidários (coordenações de regiões nacionais, macro e microrregiões estaduais; bancadas municipais, estaduais, distrital e federal; comissões de ética, conselhos fiscais, ouvidoria e Fundação Perseu Abramo). O Estatuto explicita também as hierarquias e os níveis de subordinação:

Art. 17. As instâncias e quaisquer organismos territoriais de nível zonal subordinam-se às instâncias de nível municipal, as quais estão subordinadas às de nível estadual, que, por sua vez, subordinam-se às instâncias e organismos nacionais.

§1º Salvo outras disposições estatutárias, as instâncias, quando convocadas de acordo com as normas previstas neste Estatuto, instalam-se com, pelo menos, 50% mais um de seus membros e as deliberações serão aprovadas por maioria simples dos presentes.

§2º Para efeito do disposto no parágrafo anterior, os membros das instâncias partidárias devem estar quites com as respectivas contribuições financeiras.

Art. 18. Os organismos superiores poderão intervir nos organismos inferiores, obedecida a hierarquia partidária prevista no artigo anterior e demais normas contidas neste Estatuto.

Art. 19. Por meio da eleição direta das direções e, principalmente, através dos Encontros que deliberam o programa, a estratégia, a tática, a política de alianças e as linhas da construção partidária, os filiados definem a política do partido.

O Capítulo III — Das bancadas parlamentares — inicia-se, no art. 63, afirmando que as bancadas parlamentares estão subordinadas às deliberações das instâncias partidárias de direção (em seu nível correspondente, ou das instâncias superiores). A realização de reuniões periódicas conjuntas, o exercício coletivo das decisões e dos próprios mandatos e a participação das comissões executivas de nível correspondente no *fechamento de questão* (com a explicitação de que o parlamentar pode ser dispensado de cumprir a decisão coletiva em caso de graves objeções de natureza ética, filosófica, religiosa ou de foro íntimo) são algumas das determinações estatutárias.

Os valores do igualitarismo são explicitados na relação do parlamentar com seu mandato, com as estruturas partidárias às quais está subordinado, e com a natureza colegiada das decisões em que estiver envolvido. Esses pontos de vista estão expressos nos artigos que seguem:

> Art. 68. A Bancada Parlamentar e a Comissão Executiva do Diretório correspondente adotarão medidas concretas para combater o clientelismo e os privilégios, na busca de uma nova postura ética dos parlamentares.
>
> Art. 69. Desde o pedido de indicação como pré-candidato a cargo legislativo, o filiado comprometer-se-á rigorosamente a:
>
> I — reconhecer de modo expresso que todo mandato eletivo pertence ao Partido e que suas instâncias de direção poderão adotar todas as medidas necessárias para preservar esse mandato se deixar a legenda ou dela for desligado;
>
> II — não invocar a condição de parlamentar para pleitear candidatura nata à reeleição;
>
> III — se eleito, combater rigorosamente qualquer privilégio ou regalia em termos de vencimentos normais e extraordinários, jetons, verbas especiais pessoais, subvenções sociais, concessão de bolsas de estudo e outros auxílios, convocações extraordinárias ou sessões extraordinárias injustificadas das Casas Legislativas e demais subterfúgios que possam gerar, mesmo involuntariamente, desvio de recursos públicos para proveito pessoal, próprio ou de terceiros, ou ações de caráter eleitoreiro ou clientelista;
>
> IV — contribuir financeiramente de acordo com as normas deste Estatuto;
>
> V — em questões polêmicas ou projetos de lei controversos de iniciativa da Bancada Parlamentar, participar dos debates amplos e sistemáticos a serem organizados no interior do Partido.

O XII Encontro Nacional e as mudanças determinadas pela conjuntura eleitoral de 2002

O novo Estatuto não trouxe mudanças significativas quanto à concepção da necessidade de estimular relações de interdependência entre as bancadas parlamentares e o partido, mas algumas modificações políticas de inegável impacto na estruturação institucional do PT se deram a partir de decisões conjunturais. Com vistas a maximizar as chances de sucesso no projeto eleitoral de 2002, e aproveitando-se de todas as brechas estatutárias e regimentais, a discussão sobre alianças eleitorais efetivou-se, contrariando algumas das tradições petistas.

A aliança nacional estabelecida em 2002 com o Partido Liberal (PL), no cenário da verticalização das disputas, após decisão do TSE, insere-se nessa quebra de tradições. Nunca tendo integrado o arco de alianças do PT, o PL era historicamente encarado como adversário, por serem ambos os partidos filiados a distintas tradições ideológicas e por terem notórias divergências de concepções e práticas.

A efetivação da aliança chocou parte da opinião pública e revoltou numerosos setores do próprio partido, gerando efeitos, como a renúncia de candidatos ao governo de estados (por exemplo, Heloísa Helena, em Alagoas); a intervenção na chapa proporcional do PT mineiro, obrigado a dividir espaço com candidatos do PL; e constrangimentos por todo o país.

Considerada estratégica pelo núcleo de condução da campanha de Lula à presidência, a aliança com o PL — que, para esses setores, sinalizaria a disposição de um futuro governo petista de dialogar com todas as forças sociais — não foi submetida a qualquer outra instância, nem tampouco à consulta dos filiados. Foi o Diretório Nacional que decidiu as alianças por delegação do XII Encontro Nacional, cujas decisões podem ser vistas como atípicas, em função do cenário eleitoral que se avizinhava. Uma resolução do diretório emitida em 23 de março de 2002 explica o processo:

> O XII Encontro Nacional autorizou a direção nacional a construir, com base em nossa candidatura e nas diretrizes do programa, um arco de alianças que incorpore as forças políticas de oposição a FHC, cabendo ao Diretório Nacional a decisão final sobre o programa, o candidato a vice-presidente da República e as alianças. É neste sentido que o DN, informado das conversações havidas, autoriza o prosseguimento do diálogo com o PL e setores do PMDB que se opõem ao governo FHC.[63]

No lugar de mudanças estatutárias radicais ou de transformações estruturais profundas, parece ser na política cotidiana — através de decisões conjunturais, orientadas pela disputa no mercado eleitoral — que o PT lentamente se transforma. As decisões sobre alianças e o pragmatismo na condução da campanha de 2002 são sinais desse processo de transformação por que passa o partido.

Visões sobre organização do poder e as escolhas petistas

Brian Barry (1976) sistematizou duas grandes linhas de organização do poder, que, em muitos aspectos, são similares à classificação de Lijphart (1996) dos sistemas políticos. Para Barry, as formas de organização de uma instituição que precisa tomar decisões por meio de corpos colegiados são o poder concentrado (pela regra da maio-

---

[63] PT, 2002.

ria, o vencedor fica com todos os dividendos e decide efetivamente que políticas serão implementadas) ou o poder difuso (no qual a multiplicação de instâncias de controle mútuo e pontos de veto torna mais complexa a tomada de decisões e cria salvaguardas).

Para ele, esses modelos sistematizariam em categorias pensadores como Platão, Hobbes, Rousseau, Bentham (poder concentrado) e Locke, Montesquieu, os autores dos artigos federalistas (poder difuso). Por analogia, podemos associar o poder concentrado ao sistema majoritário, e o poder difuso ao sistema consensual. Cabe afirmar que o PT, historicamente, fez opções institucionais voltadas para o poder difuso — é o que revela a análise de todos os documentos básicos do partido.

Contudo, nota-se cada vez mais que setores do partido se movimentam em direção a mudanças de corte concentrador — *vide* as decisões sobre política de alianças em 2002 —, apesar de estas ainda não terem se concretizado plenamente. É certo que vêm sendo mais discutidas e que, talvez, se esteja avizinhando o momento em que serão implementadas.

Isso dever-se-ia às dificuldades práticas de operacionalização das idéias de poder difuso e das concepções de representação estritamente delegadas? Pode-se detectar pistas significativas para a posição assumida por alguns setores na discussão sobre a ambiência eleitoral (as vitórias eleitorais demandam, como já vimos, a adaptação de partidos e candidatos aos processos de *americanização* das campanhas) e, no caso específico das eleições proporcionais, sobre a conexão eleitoral dos parlamentares.

Considerando que todo representante (inclusive deputados) tem como objetivo precípuo a manutenção, ou a ascensão, de sua carreira, muito de seu comportamento é estritamente calculado para atingir esse fim. Mayhew (1974) acredita que, além dos chamados *case works* (atendimentos clientelísticos individuais), os deputados têm três formas principais de fazer isso: disseminar uma imagem positiva, parecer responsável ou pelo menos empenhado na aprovação de certas políticas, e deixar publicamente clara sua posição quanto a temas relevantes. As três tarefas podem ser plenamente executadas quando o tipo de mandato exercido é virtual, mas a mesma facilidade não existe quando o mandato é do tipo imperativo, com forte presença do partido na definição do comportamento do representante.

Portanto, setores da elite (partidária e parlamentar) podem ter forte estímulo a abrandar as concepções de poder difuso — que diminuem o grau de liberdade individual, tornam mais complexo o processo de tomada de decisões e exigem maior investimento de tempo e energia no debate — em favor da flexibilidade. Setores medianos (por exemplo, parlamentares com menor projeção perante a opinião pública), por sua vez, podem ser levados a investir energia na criação de outros mecanismos de conexão com suas bases.

Num partido complexo e multifacetado como o PT, há, obviamente, contradições. Evidências, como as coletadas em estudos como o de Marcos Otávio Bezerra (1999), tornam ainda mais complexa a análise. Estudando o Congresso brasileiro, Bezerra constatou a existência, entre os deputados, de uma forte percepção de que devem agir em favor de seus representados, atendendo a demandas localistas. Isso ocorre até mesmo entre os deputados de esquerda.

Nesse caso, ao contrário da tese da flexibilização, pode haver estímulos à concepção delegada de representação das bases sociais com as quais o deputado tem relações. Deputados eleitoralmente dependentes dessas bases provavelmente serão portadores de concepções de representação menos flexíveis ou virtualizadas em relação a elas, mesmo que, no caso do PT, haja mediação do partido e o mandato seja definido como partidário.

É para compreender melhor essa complexa teia de fidelidades — a quem os deputados devem representar prioritariamente, que concepções de representação eles têm e que efeitos essas distinções provocam na organização dos mandatos — que apresentarei, nos próximos capítulos, os resultados de um *survey* com os deputados federais da bancada petista realizado no final de 2002.

Evidentemente, outras tantas variáveis devem ser utilizadas para explicar o comportamento da bancada do PT. Contudo, parece certo que a análise das estratégias de conexão eleitoral dos deputados (tema ainda pouco explorado em estudos acadêmicos sobre o partido) pode vir a oferecer explicações proveitosas.

CAPÍTULO 4

Princípios e práticas hegemônicas na bancada petista

Sondando as concepções de representação da bancada petista na Câmara Federal

Realizou-se uma pesquisa com a bancada de deputados federais do Partido dos Trabalhadores na legislatura 1999-2002 para a obtenção de subsídios. O principal instrumento utilizado foi um questionário, com 20 questões, sobre concepções de representação política, relações com as bases e com o partido, e práticas organizativas dos mandatos. O referido questionário foi encaminhado aos 58 deputados da legislatura de duas maneiras concomitantes: pela internet e por meio de visita de entrevistador contratado aos gabinetes. As respostas foram obtidas pelas duas formas, apesar de, majoritariamente, nas visitas.

Dos 58 parlamentares, 47 responderam ao questionário e tiveram suas respostas aproveitadas — ou seja, a amostra representa mais de 80% da bancada, com parlamentares de todos os estados que têm representação petista. A amostra, portanto, é representativa das visões e práticas dos deputados federais petistas da legislatura.

A pesquisa foi realizada nos meses de novembro e dezembro de 2002 por dois motivos: a escolha do ano deveu-se ao fato de este ser o último ano de mandato, o que permitiria aos deputados uma visão retrospectiva de suas atuações ao longo da legislatura (fator importante sobretudo para os parlamentares em primeiro mandato); e a escolha do período do ano deveu-se ao calendário eleitoral — em virtude das eleições gerais de 2002, os meses que antecederam o pleito eram inadequados à realização de qualquer pesquisa.

O questionário continha questões fechadas e abertas, de modo a permitir que os entrevistados não só escolhessem as respostas pré-codificadas (mesmo nelas houve liberdade para que propusessem respostas alternativas), mas também tivessem a oportunidade de expressar pontos de vista pessoais, eventualmente dissonantes.

Como se pretendia extrair das entrevistas evidências sobre as reais práticas dos deputados (e não apenas racionalizações sobre estas), paralelamente às questões teóricas genéricas foram incluídas outras perguntas em que essas visões mais abstratas pudessem ser cotejadas com as respostas objetivas.

Duas estruturas distintas de questões fechadas com respostas pré-codificadas foram utilizadas: aquelas em que se pedia aos entrevistados que efetuassem gradações (por exemplo, a que atores sociais os deputados consideravam dever fidelidade prioritariamente; ou quais os motivos mais freqüentes para as bases eleitorais os procurarem); e aquelas em que se solicitava a marcação de uma opção (por exemplo, a quem o deputado consultava preferencialmente antes de tomar uma decisão).

Outras questões requeriam o preenchimento de campos sem respostas pré-codificadas (por exemplo, quantos profissionais dos gabinetes eram contratados por indicação de movimentos sociais; ou quanto tempo, na Câmara e fora dela, os deputados destinavam ao atendimento de demandas de suas bases). Por fim, a vigésima e última questão era aberta e pedia que os entrevistados explicitassem, em poucas linhas, suas visões sobre a missão de um deputado federal.

O questionário não foi estruturado para facilitar quantificações ou a utilização de recursos estatísticos. Ao contrário, a opção deste trabalho foi, no agregado, perceber as visões hegemônicas da bancada e suas principais subdivisões, mas sem nunca perder de vista a individualidade dos parlamentares. Por isso, num primeiro momento, neste capítulo, apresentarei os resultados gerais da bancada e, em seguida, no capítulo 5, analisarei, caso a caso, as respostas dadas pelos deputados, a fim de tentar compreender suas especificidades.

Na análise caso a caso, partirei dos pressupostos de Françoise Gadet e Tony Hak (1997), que afirmam ser possível entender melhor a visão de mundo de quem falou ou escreveu algo mediante a análise de suas intenções discursivas — manifestas, entre outros elementos, pelo campo semântico a que pertencem as palavras utilizadas ou mesmo pela repetição de certas palavras e expressões.

É para este último segmento que as respostas abertas do questionário servirão de base, numa análise individual das ênfases de cada parlamentar. Exemplo relevante é o da importância do parlamentar como fiscalizador do Poder Executivo: apesar de o questionário não fazer qualquer menção a essa discussão, 18 deputados espontaneamente grafaram, em suas respostas dissertativas, essa tarefa como uma das mais importantes.

Comentários, críticas ou outras informações não solicitadas mas fornecidas pelos entrevistados também constituirão elementos de análise. Não pretendo, com base nesse material específico, extrapolar conclusões sobre a formação discursiva e ideológica de cada parlamentar, mas apenas e tão-somente colher elementos de seus discursos que ajudem a entender suas reais opiniões.

Visões sobre o mandato partidário

Uma das primeiras questões a que se pretendia responder com a realização da pesquisa era o grau de enraizamento da definição do mandato como partidário (presente em todos os principais documentos petistas). Paralelamente a essa questão havia a percepção dos deputados sobre o papel do partido na condução das atividades parlamentares. Como vimos no capítulo sobre o arcabouço institucional petista, o partido criou numerosos instrumentos que submetem a bancada a outras instâncias partidárias, e a presente pesquisa visava compreender como os deputados reagiam a isso.

Nesse item, os resultados são impressionantes pela força com que reafirmam a consolidação da visão de que o mandato parlamentar é do partido, como mostra a tabela 1 (referente à pergunta "O senhor considera que seu mandato pode ser melhor definido por qual das sentenças abaixo: a) o mandato apenas cumpre tarefas que lhe foram delegadas pelos eleitores; b) o mandato apenas cumpre tarefas que lhe foram delegadas pelos movimentos sociais organizados; c) o mandato é eminentemente partidário, mesmo que em desacordo com os desejos de minha base; d) o mandato é um exercício de consciência individual.").

A questão solicitava que os parlamentares escolhessem uma opção, mas alguns acabaram marcando mais de uma ou sugerindo complementos às respostas pré-codificadas, ou mesmo outras respostas. Mas o resultado final não deixa dúvidas sobre a posição hegemônica na bancada: 61,7% (29 deputados) assinalaram ou sugeriram respostas ligadas à opção *c*, contra 14,8% (sete) para as opções *b* e *d*, e 12,7% (seis) para a opção *a*. Dois deputados assinalaram todas as opções e um não respondeu.

Tabela 1
Pergunta 19: "O senhor considera que seu mandato pode ser melhor definido por qual das sentenças abaixo?"

Respostas pré-codificadas do questionário	% dos 47 deputados
a) O mandato apenas cumpre tarefas que lhe foram delegadas pelos eleitores	12,7
b) O mandato apenas cumpre tarefas que lhe foram delegadas pelos movimentos sociais organizados	14,8
c) O mandato é eminentemente partidário, mesmo que em desacordo com os desejos de minha base	61,7
d) O mandato é um exercício de consciência individual	14,8

Como já afirmado, a estruturação do questionário associou perguntas mais genéricas e abstratas — como a questão citada acima — com outras de perfil mais prático. Nestas, a afirmação do caráter partidário dos mandatos parlamentares também transpareceu nas respostas dos deputados. É o caso da pergunta que pedia aos entrevistados que marcassem *sim* ou *não* para a seguinte questão: "O senhor considera correto o partido fechar questão e utilizar o recurso da fidelidade partidária?"

Como consta da tabela 2, que apresenta valores percentuais, a esmagadora maioria da bancada é favorável à fidelidade partidária. Em termos absolutos, 43 deputados marcaram a resposta *sim* (muitos fazendo a ressalva de que não se deve fechar questão em assuntos de foro íntimo, como, por exemplo, os que envolvem problemas morais ou religiosos — ou seja, defenderam a prática seguida pelo PT); dois não marcaram (um afirmou ser a favor da fidelidade, mas contra o fechamento de questão; outro não marcou, mas ressaltando ser a favor da fidelidade, excluídas as decisões de foro íntimo); outros dois marcaram a opção *não* (um com a ressalva de que sua resposta "não [era] totalmente" por conta das questões de ordem moral e religiosa). Dos 47 entrevistados, portanto, 46 concordam que deve haver fidelidade partidária e que o fechamento de questão é um recurso legítimo, excetuadas as questões nas quais tradicionalmente o partido já não define mesmo posição única.

Tabela 2

Pergunta 2: "O senhor considera correto o partido fechar questão e utilizar o recurso da fidelidade partidária?"

Respostas assinaladas ou declaradas ao entrevistador com ressalvas ou justificativas	% dos 47 deputados
Sim	97,9
Não	2,1

Nota: alguns deputados não assinalaram respostas no questionário, mas falaram sobre seus pontos de vista.

As perguntas referentes às rotinas de reuniões das bancadas ("Como o senhor classificaria a influência das demais instâncias partidárias na atividade parlamentar da bancada?"; "O senhor participou, ao longo do mandato, de reuniões com outras instâncias partidárias com que freqüência?"; e "Essas reuniões foram importantes para sua tomada de decisão?") também se prestam para avaliar se os deputados concordam com a presumida interferência do partido na bancada e se, na prática, há de fato essa interferência.

As respostas seguiram o mesmo padrão das citadas anteriormente: 74,5% (35 entrevistados) consideraram a interferência do partido adequada; 23,4% (11) a consideraram excessiva; e 2,1% (um) a consideraram insuficiente, como mostra a tabela 3. Quanto às reuniões, 70,2% (33 deputados) afirmaram que elas foram freqüentes;

27,7% (13) disseram que elas ocorreram de vez em quando; e 2,1% (um) disseram que foram promovidas raramente, conforme ilustra a tabela 4.

Quanto à importância das reuniões na tomada de decisões, cujos percentuais aparecem na tabela 5, 93,6% (44 entrevistados) responderam que foram importantes, contra 6,4% (três) que não as consideraram como tal. A tabela 6 indica que, indagados se desejariam mais liberdade para tomar decisões, 83% (39 parlamentares) responderam que não e 14% (sete) que sim.

Os resultados reforçam a constatação de que a bancada, por larga maioria, considera que o mandato é partidário e pode ser (e tem sido) regulado pelo partido, cujas instâncias estabelecem contato periódico e relações orgânicas para tomar decisões e orientar os trabalhos legislativos. As tabelas a seguir mostram que, majoritariamente, os deputados concordam que o partido interfere (e, mais que isso, tem o direito de interferir) na bancada federal.

Tabela 3
Pergunta 4: "Como o senhor classificaria a influência das demais instâncias partidárias na atividade parlamentar da bancada?"

Respostas pré-codificadas do questionário	% dos 47 deputados
a) Excessiva	23,4
b) Adequada	74,5
c) Insuficiente	2,1

Tabela 4
Pergunta 5: "O senhor participou, ao longo do mandato, de reuniões com outras instâncias partidárias com que freqüência?"

Respostas pré-codificadas do questionário	% dos 47 deputados
a) Freqüentemente	70,2
b) De vez em quando	27,7
c) Raramente	2,1
d) Nunca	—

Tabela 5
Pergunta 6: "Essas reuniões foram importantes para a sua tomada de decisão?"

Respostas pré-codificadas do questionário	% dos 47 deputados
Sim	93,6
Não	6,4

Tabela 6
Pergunta 7: "Desejaria ter mais liberdade para tomar decisões?"

Respostas pré-codificadas do questionário	% dos 47 deputados
a) Não	83
b) Sim	14
c) Sem resposta	2

Resumindo, a bancada vê como legítimo o recurso ao fechamento de questão em assuntos que não sejam de foro íntimo. A concepção de que os mandatos parlamentares devem ser de tipo delegado-imperativo (e não de tipo livre-virtual) é amplamente hegemônica. Enfatiza-se com freqüência a admissibilidade de que outros atores — bases e partido, por exemplo — interfiram nas decisões tomadas pelos parlamentares em suas atividades legislativas.

A importância do partido na eleição do deputado

A atividade legislativa, como vimos, é encarada pelos deputados como esfera regulável pelo partido. A intensidade e o peso do partido, contudo, decrescem à medida que as perguntas se voltam para as disputas eleitorais: as respostas dos deputados indicam que o PT não é tão importante para suas eleições quanto o é para o exercício de seus mandatos.

Como indica percentualmente a tabela 7, quando instados a considerar se suas eleições se deveram mais ao fato de serem filiados ao PT do que a seus esforços individuais, 42,5% (20 deputados) sugeriram a primazia do partido, 40,5% (19) afirmaram que os dois elementos foram igualmente importantes, e 17% (oito) ressaltaram seus esforços pessoais. Há indiscutível influência do partido, mas as respostas dadas a esse item começam a reforçar também a importância da individualidade.

Tabela 7
Pergunta 3: "Considera que sua eleição deveu-se mais ao fato de ser filiado ao PT ou ao fato de o senhor ter um trabalho político individual bem desenvolvido?"

Respostas pré-codificadas do questionário	% dos 47 deputados
a) Partido	42,5
b) Seus esforços individuais	17,0
c) Marcaram as duas opções	40,5

O somatório dos que deram primazia ao partido ou assinalaram as duas opções mostra que 83% dos parlamentares sugeriram ter sido a filiação ao PT *mais* ou *igualmente* importante que seus esforços. Esse resultado é mais pró-partidário do que indicam estudos anteriores, como o de Nelson Carvalho (1999/2000), que apontou o fato de, em 1999, 52% dos parlamentares petistas que participaram de sua pesquisa terem afirmado que seus esforços individuais haviam sido mais importantes que o partido.

Como observa Nicolau (2002a), pesquisa realizada pelo Iuperj em 1994, na cidade do Rio de Janeiro, revelou que 74% dos eleitores votam no candidato, independentemente do partido, contra apenas 7% que votam só na legenda. Nesse cenário — em que estão presentes muitos dos fenômenos que chamei no primeiro capítulo de *nova ambiência eleitoral*—, e também em função do sistema eleitoral brasileiro (com alta imprevisibilidade de resultados), além da performance individual há uma série de fatores que podem, por exemplo, dificultar a reeleição de um parlamentar. Nicolau aponta como importante a relação entre aumentar a votação e se reeleger, e diminuir a votação e ser derrotado.

Desse modo, é natural que o processo eleitoral seja encarado pelos políticos como um momento em que eles, individualmente, têm um papel relevante. Talvez o que explique o relativo equilíbrio entre partido e esforços pessoais, constatado nessa pesquisa, seja exatamente a especificidade do PT. Especificidade que se manifesta, entre outros fatores, nas baixíssimas taxas de migração partidária dos parlamentares petistas. Carlos Ranulfo Mello (2000) mostra que, desde 1982, a cada legislatura na Câmara dos Deputados, 30% dos parlamentares mudam de legenda. No PT, ao contrário, durante toda a década de 1990, em média apenas 4,2 deputados abandonaram o partido (contra 36,2, por exemplo, do PDT).

Segundo Mello, esse fato se deve ao fato de que, no PT, a maior ênfase na legenda reduz os custos de campanha dos candidatos e possibilita a eleição de deputados com votação mais baixa do que seria necessário nos demais partidos. O diagnóstico se assemelha ao de Samuels (1997), que conclui que, ao impor a coesão e procurar difundir a legenda, o PT reduziu os custos de criar uma base de identidade política assimilável por eleitores dispersos em um amplo leque de grupos sociais — o que cria uma legenda forte em comparação com outras siglas partidárias.

Os resultados da pesquisa com os deputados entrevistados na atual legislatura indicam que eles consideram o partido importante para suas eleições (mais até do que afirmaram estudos anteriores), mas percebem claramente que apenas o partido não lhes dará a vitória — eles necessitam desenvolver, para além das estratégias partidárias, estratégias individuais que lhes permitam maximizar votos e garantir a eleição (ou a reeleição).

O declínio da influência das tendências

A tabela 8 (com percentuais relativos às respostas dadas à pergunta 1 do questionário) também reforça a visão do caráter partidário do mandato. "A atividade parlamentar (ou seja, a representação política) convive com variados atores sociais simultaneamente. No exercício de seu mandato, o senhor considera que deve fidelidade prioritariamente a quais desses atores (colocando-os em ordem de importância de 1 a 6)?" era a pergunta, arrolando os seguintes atores nas respostas: "a) população em geral; b) seu eleitorado, entendido genericamente; c) bases eleitorais mais importantes (movimentos sociais, categorias profissionais ou localidade); d) tendência interna do PT; e) partido; f) sua consciência, independentemente de qualquer outro fator externo".

A resposta que recebeu maior número de primeiras opções foi população, seguida de partido, consciência, bases, eleitorado e tendência (que não foi a primeira opção de nenhum deputado). Se considerarmos a soma das duas primeiras opções, o partido assume a primazia (30 menções, ou 63,82% dos entrevistados), seguido de população (26 — 55,31%), consciência (21 — 44,68%), bases (sete — 14,89%), eleitorado (seis — 12,76%) e tendência (um — 2,12%). Outro indicativo da forte posição ocupada pelo partido é que ele nunca figurou como sexta e última opção, contra três menções à população como fator menos importante.

Curioso observar que a posição modal — a que apresentou maior incidência — para as bases foi a quarta, para o eleitorado foi a quinta, e para a tendência foi a sexta. Ninguém citou tendência como primeira opção e 66% (31 deputados) a citaram como última opção, numa clara indicação da forte rejeição da bancada à ação reguladora das tendências em relação aos mandatos parlamentares.

Tabela 8

Pergunta 1: "A atividade parlamentar (ou seja, a representação política) convive com variados atores sociais simultaneamente. No exercício de seu mandato, o senhor considera que deve fidelidade prioritariamente a quais desses atores (colocando-os em ordem de importância)?"

Opções ordenadas como primeira ou segunda alternativas (em seqüência decrescente de incidência)	% dos 47 deputados que incluíram a opção como primeira ou segunda escolhas
Partido	63,82
População em geral	55,31
Sua consciência, independentemente de qualquer outro fator externo	44,68
Bases eleitorais mais importantes — movimentos sociais, categorias profissionais ou localidades	14,89
Seu eleitorado, entendido genericamente	12,76
Tendência interna do PT	2,12

Nota: alguns deputados não ordenaram todas as opções.

Tal rejeição se manifesta também na tabela 9 — referente à pergunta "A quem o senhor consulta preferencialmente para tomar uma decisão importante?". Apenas um deputado — 2,1% do total — marcou a opção tendência, contra 27 (57,4% — partido), 10 (21,2% — assessores), oito (17% — movimentos sociais), dois (4,2% — todas as opções) e um (2,1% — eleitores).

Os resultados estão em conformidade com a conclusão do trabalho de Ana Lúcia Melo (1998), que, ao analisar a legislatura anterior, concluiu que a bancada federal petista e as lideranças nacionais estariam causando a mudança na condução política do partido e o conseqüente arrefecimento da influência das tendências internas.

Tabela 9

Pergunta 8: "A quem o senhor consulta preferencialmente para tomar uma decisão importante?"

Opções pré-codificadas (em ordem decrescente)	% dos 47 deputados que escolheram a opção
Partido	57,4
Assessores	21,2
Movimentos sociais	17,0
Todas as opções	4,2
Alguns eleitores	2,1
Tendência	2,1
Ninguém	—

Nota: alguns deputados marcaram mais de uma opção.

As relações com as bases eleitorais

Um aparente paradoxo nas respostas dos entrevistados é a importância por eles atribuída às suas bases eleitorais. Em algumas questões — principalmente as mais abstratas e genéricas — transparece relativo descaso com essas bases. É o caso da pergunta que pede uma gradação de fidelidade dos deputados a outros atores sociais: 70,2% (33 respondentes) posicionaram o partido antes das bases, que obtiveram apenas 14,89% (sete menções) como primeira ou segunda opção de fidelidade.

Entretanto, todas as perguntas de viés mais objetivo (algumas solicitando quantitativos) indicam que a preocupação dos parlamentares com o atendimento das demandas de suas bases constitui uma das tarefas prioritárias de seus mandatos.

A chave para se entender esse paradoxo pode estar na sugestão de Richard Hall (1996) de que se deve compreender as atividades dos parlamentares em dois planos distintos: por um lado, há preferências reveladas através, por exemplo, de seus votos e de sua atuação legislativa; por outro, há intensidades expostas através dos recursos legislativos e do tempo que o parlamentar dedica à realização de certas tarefas.

Num partido que regula fortemente a atuação legislativa de sua bancada — com a concordância desta, como indica a pesquisa —, o espaço de autonomia decisória nas questões de produção legislativa é diminuído, se comparado com o de outras legendas nas quais predominam mandatos virtuais. Considerando também que os deputados precisam produzir diferenciais competitivos individuais para obter sucesso eleitoral, as respostas dos entrevistados sinalizam que é na estruturação e no funcionamento dos gabinetes parlamentares que se deve buscar evidências sobre as intensidades reveladas.

Dessa forma, pode-se deduzir que a valorização das bases eleitorais se dá mais pela prática organizativa do mandato e por meio das rotinas dos deputados (como eles dividem seu tempo e seus recursos legislativos) do que pelas atividades de produção legislativa.

É isso que explica o paradoxo das respostas que pouco valorizam as bases (nas questões mais genéricas), associadas a respostas que demonstram grande ligação com as bases (nas questões mais objetivas). As informações extraídas dos questionários são contundentes na constatação de que as bases eleitorais (sobretudo os movimentos sociais) são valorizadas na atuação cotidiana dos deputados.

O quadro 1, pertinente à pergunta "Em média, quantos dias por mês o senhor dedica ao contato com as bases eleitorais, fora da Câmara?", mostra que a média geral é de 11,67 dias por mês. O quadro 2, relativo à pergunta "Em média, quantas horas por dia, dentro da Câmara, o senhor dedica a atender — pessoalmente, por telefone ou por *e-mail* — representantes de suas bases eleitorais?", indica uma média de 2,82 horas diárias.

Quadro 1
Pergunta 13: "Em média, quantos dias por mês o senhor dedica ao contato com as bases eleitorais, fora da Câmara?"

Média geral de dias por mês dedicados ao contato com as bases, em atividades fora da Câmara
11,67 dias/mês

Nota: alguns deputados não responderam à questão, diminuindo a média geral calculada.

Quadro 2
Pergunta 14: "Em média, quantas horas por dia, dentro da Câmara, o senhor dedica a atender (pessoalmente, por telefone ou por *e-mail*) representantes de sua base eleitoral?"

Média geral de horas por mês dedicadas ao atendimento das bases, dentro da Câmara
2,82 horas/dia

Nota: alguns deputados não responderam à questão, diminuindo a média geral calculada.

O tempo percentual total que os deputados acreditam dedicar ao atendimento das demandas de suas bases eleitorais, conforme mostra o quadro 3, representa, em média, 52% do total de suas atividades parlamentares. Questionados sobre se seus gabinetes estavam adequadamente estruturados para atender a essas demandas, a tabela 10 revela que 68% (32 deputados) responderam que sim, contra 30% (14) que disseram que não — alguns afirmando que estavam se empenhando para resolver o problema.

Quadro 3
Pergunta 17: "De toda a sua atividade parlamentar, que percentual o senhor acredita dedicar ao atendimento das demandas de sua base eleitoral?"

Percentual médio do tempo total do parlamentar dedicado ao atendimento das bases, dentro e fora da Câmara
52%

Nota: alguns deputados não responderam à questão, diminuindo a média geral calculada.

Tabela 10
Pergunta 15: "Seu gabinete está estruturado adequadamente para atender às demandas de sua base?"

Respostas pré-codificadas do questionário	% dos 47 deputados
a) Sim	68
b) Não	30
c) Sem resposta	2

Apesar de, em resposta à questão 9 da entrevista, 62% dos entrevistados classificarem suas bases eleitorais como dispersas (29 menções), contra 38% que as definiram como concentradas (18 menções), número igualmente significativo de respostas avaliava que a eleição do parlamentar é fortemente influenciada por suas ligações com algum movimento social específico: novamente 62% (29 deputados) afirmaram que suas eleições se deveram a alguma ligação dessa espécie, como mostra o quadro 4.

Quadro 4

Pergunta 10: "O senhor avalia que sua eleição foi fortemente influenciada por suas ligações com algum movimento social específico?"

Percentual de deputados que creditam a eleição a ligações com movimentos sociais

62%

Mesmo deputados que nessa questão disseram não ter dependido eleitoralmente de nenhuma conexão específica com algum movimento, em outras respostas mais adiante afirmaram que tinham, como uma de suas bases eleitorais, um movimento social (25,5% — 12 menções), um movimento sindical (17% — oito), sua cidade (12,7% — seis) ou sua região (12,7% — seis), contra 34% (16 deputados) que consideraram impossível delimitar sua base, conforme se constata na tabela 11.

Tabela 11
Pergunta 18: "Qual é a sua principal base eleitoral?"

Respostas pré-codificadas	% dos 47 deputados que escolheram a opção
Movimento sindical	17,0
Movimento social	25,5
Sua cidade	12,7
Sua região	12,7
Impossível delimitar, pois o voto é disperso por quase todo o estado	34,0

Nota: alguns deputados marcaram mais de uma opção.

A informação mais elucidativa sobre a grande importância estratégica das bases e sua valorização na atuação cotidiana dos parlamentares petistas vem da política de contratação dos gabinetes. O quadro 5 indica que 61,7% dos deputados (29) afirmaram ter funcionários contratados por indicação de movimentos sociais ou outras organizações (em alguns casos, todos os funcionários haviam sido escolhidos por esse critério).

Quadro 5
Pergunta 12: "Quantos profissionais trabalham em seu gabinete por indicação de movimentos sociais?"

Percentual de deputados que afirmam ter em seu gabinete um ou mais funcionários contratados por indicação de movimentos sociais
61,7%

Essa constatação é reforçada pelas informações contidas na tabela 12, que mostra que a indicação das bases foi o critério adotado por 42,5% (20 deputados) para a escolha de quadros, seguida das relações pessoais, que muitas vezes se efetivam através da mediação dos movimentos sociais (17 menções — 36%); a indicação do partido (oito — 17%); a indicação de tendência interna (dois — 4,2%); a deliberação do coletivo do mandato (um — 2,1%); e a *expertise* (um — 2,1%). Alguns parlamentares — o deputado José Dirceu, por exemplo — se recusaram a responder perguntas sobre critérios de contratação por considerarem a informação confidencial.

Tabela 12
Pergunta 11: "Em seu gabinete, a política de contratação de pessoal obedeceu prioritariamente a que critério?"

Opções pré-codificadas e opções sugeridas pelos entrevistados (em ordem decrescente)	% dos 47 deputados que escolheram a opção
Indicação de bases eleitorais (movimentos sociais ou outras organizações)	42,5
Relações pessoais	36,0
Indicação do partido	17,0
Indicação de tendência interna	4,2
Deliberação do coletivo do mandato	2,1
Expertise	2,1

Nota: alguns deputados marcaram mais de uma opção.

Como observou Karina Kuschnir, ao analisar as relações entre uma família de políticos com longa história na Câmara de Vereadores do Rio de Janeiro e as comunidades que constituíam a sua base eleitoral, os parlamentares são mediadores fundamentais na sociedade brasileira, estabelecendo redes de relações, sistemas de trocas e de reciprocidade com seus representados. Focalizando políticos de nível local — e com prática de atendimentos individuais que poderia ser caracterizada como clientelística —, ela concluiu que:

> Através do representante-mediador, a população tem acesso a dimensões e níveis de cultura de outra forma inatingíveis. (...) A assistência faz parte do cotidiano dos parlamentares e, além da doação ou troca de bens materiais, envolve também as esferas cultural e simbólica da vida social.[64]

Certamente, a realidade de um político de subúrbio, no nível municipal, e militando em partidos muito diferentes do PT, é radicalmente distinta da realidade da bancada federal petista. Contudo, os impulsos eleitorais que movem os parlamentares de qualquer nível, em qualquer partido, não diferem muito.

Kuschnir observa que o parlamentar (que atua como intermediário e facilitador de *acessos* ao poder, no caso por ela estudado) escolhe assessores da sua área de atuação ou de bairros próximos, amigos, ou pessoas que tiveram contato inicial através de atendimentos — mas preferencialmente, aqueles que são *pessoas-chave da comunidade*, mediadores entre parlamentar e comunidade (intermediadores).

> O grupo é formado justamente por pessoas que têm a capacidade de colocar um bom número de moradores em contato com a vereadora, levando e trazendo problemas para serem resolvidos. Essas pessoas têm, por si só, uma liderança sobre o próprio grupo.[65]

Sob esse aspecto, a prevalência, entre os deputados petistas, de contratações por indicação de movimentos sociais se assemelha (quanto aos objetivos, não quanto à forma) à descrição de Kuschnir. Ao privilegiar quadros oriundos de organizações com as quais o parlamentar se relaciona — representando-as —, potencializa-se a capacidade de o mandato agregar intermediadores e, assim, estreitar vínculos, com óbvios reflexos eleitorais.

A autora cita Eli Diniz (1982), que afirma ser o clientelismo político mediador entre demandas e decisões capazes de atendê-las — privatiza-se a obtenção de um bem público, num contrato individualista sob a lógica da dádiva, em que a política é inacessível sem relações pessoais. Ou seja, sob a égide do favorecimento pessoal, o atendimento das demandas dos eleitores pode claramente ser descrito como clientelista, com toda a carga negativa que o conceito traz (mesmo que a prática seja vista como legítima por muitas comunidades e políticos).

---

[64] Kuschnir, 2000:8.
[65] Ibid., p. 80.

Mas, e se, em vez de atendimentos individuais, o mandato se constituir em mediador de legítimos interesses de grupos sociais (categorias profissionais, movimentos sociais)? As respostas dos deputados federais do PT na presente pesquisa indicam ser esta exatamente a estratégia dos parlamentares. Kuschnir intuiu essa possibilidade ao observar que muitos vereadores do PT já tinham sido militantes e continuavam contratando assessores oriundos de movimentos organizados.

Esta pesquisa indica, portanto, que os parlamentares, como representantes de forças sociais coletivas historicamente vinculadas às lutas de esquerda (e mais especificamente ao PT), têm incentivos para reforçar seus vínculos com esses movimentos por meio da política de contratação de seus gabinetes. Sem se chocar com qualquer outra instância partidária, sem infringir qualquer norma interna, é na estruturação do gabinete que se efetiva significativa parcela da estratégia eleitoral individual do parlamentar.

A estruturação do mandato como chave para a conexão eleitoral

A literatura distributivista se apóia no pressuposto de que os parlamentares, podendo apresentar propostas legislativas que distribuam benefícios concentrados (para grupos, indivíduos ou localidades geográficas) ou difusos (para toda a sociedade), preferem, como atores racionais que são, atender às suas bases eleitorais. Essas preferências dos atores políticos são variáveis que se associam a outras, como regras e procedimentos institucionais, por exemplo, mas a estratégia de *pork barrel* — benefícios concentrados e custos dispersos — seria freqüentemente utilizada por sujeitos racionais que precisam maximizar votos, como os deputados.

Importante estudo de Fabiano Santos (1995) analisou a legislatura 1959-63 e concluiu que as transferências concentradas de recursos têm maior probabilidade de aprovação do que leis com outras características. Carlos Pereira e Lúcio Rennó (2001) chegam a conclusões similares. Segundo eles, a distribuição de benefícios locais proporciona muito mais retornos eleitorais do que as atividades legislativas dentro da Câmara ou posições de voto sobre temas. A participação no processo legislativo e o perfil de voto em plenário não influem tão fortemente na reeleição, à exceção de benefícios conseguidos para sua base. Por isso os parlamentares buscam postos-chave na estrutura da Câmara que aumentem seu acesso a recursos e sua visibilidade.

Em posição oposta, Leany Barreiro de S. Lemos (2001), ao analisar o período 1988-94, afirma que, apesar de parlamentares de todo o espectro ideológico terem apresentado propostas concentradoras — inclusive com um maior volume apresentado por partidos de centro-esquerda, como PDT e PSDB —, maior ainda foi o total de propostas de distribuição difusa de benefícios.

Segundo a autora, essa postura talvez seja explicada pela preocupação dos deputados com a construção de sua imagem pública (sobretudo aqueles que não imaginam ter dificuldades de reeleição) e pelo cálculo de que essas propostas poderiam redundar em poucos benefícios eleitorais, pois dependeriam de implementação pelo governo.

Não pretendo aqui produzir juízos conclusivos sobre essas visões conflitantes. Ao contrário, admito como procedente o centro do argumento distributivista — de que deputados são atores racionais, buscam a continuidade de suas carreiras e, desse modo, agem estrategicamente, priorizando atividades legislativas que maximizem suas conexões eleitorais através da produção de benefícios para suas bases —, mas levo em conta a constatação de Leany Lemos, ou seja, o fato de que por vezes não é na alocação de recursos orçamentários concentrados que se fundamenta a ação dos parlamentares.

Essa tese é exatamente a defendida por Argelina Figueiredo e Fernando Limongi (2002). Eles afirmam que, como a alocação individual de recursos orçamentários no Congresso brasileiro é limitada e a aplicação depende das prioridades definidas pelo Executivo, seria equivocado imaginar que essa seria a principal ou única forma de um político manter fiel sua clientela eleitoral.

Octavio Amorim Neto e Fabiano Santos (2002) complementam a discussão demonstrando que alguns dos pressupostos distributivistas sobre a produção legislativa brasileira não se confirmam integralmente. Apesar de muitas análises comprovarem que o Legislativo brasileiro tornou-se menos ativo na produção legislativa que o Executivo[66] e que há estímulos (provenientes do sistema eleitoral de lista aberta) a comportamentos paroquiais por parte dos deputados, não é possível concluir automaticamente que a produção legislativa dos parlamentares gera, necessariamente, uma sobreoferta de bens privados e uma suboferta de bens públicos, deixando para o Executivo a tarefa de preencher a agenda legislativa com temas nacionais.

Os autores afirmam que a tese é apenas parcialmente verdadeira: eles sugerem ser falsa a suposição de que os deputados não produzem legislação sobre temas nacionais e só tratam de temas paroquiais.[67] O problema é que a produção legislativa dos deputados para a agenda nacional são intervenções pontuais, não se relacionando com as grandes questões políticas e econômicas. O espaço legislativo privilegiado para ações paroquialistas seria o uso dos decretos legislativos da Câmara, enquanto as emendas ao Orçamento da União teriam, na maioria das vezes, âmbito estadual.

Os resultados desta pesquisa indicam que a inclusão de propostas de alocação de recursos orçamentários direcionadas a grupos específicos configura uma parte subsidiária da relação dos deputados petistas com suas bases. Conforme consta da tabela 13, a pergunta 16 do questionário pedia que os respondentes ordenassem, por ordem de freqüência, os principais motivos pelos quais suas bases o procuravam. Constavam sete respostas pré-codificadas: propor leis, solicitar presença, lutar por recursos do Orçamento, intermediar contatos com autoridades, ajudar a resolver problemas de alguma organização, colaborar financeiramente com instituições e ajudar a resolver problemas pessoais.

Os motivos mais freqüentes apontados pelo somatório de primeiras e segundas opções foram: a solicitação de presença (26 menções — 55,3% do total de 47 depu-

---

[66] Santos, 1997:486.
[67] Amorim Neto e Santos, 2002:133-135.

tados), que isoladamente também recebeu o maior número de primeiras opções (18 — 38,2%), seguido da resolução de problemas de organizações (18 — 38,2%), da intermediação de contatos (17 — 36,1%), do pedido de recursos do Orçamento (15 — 31,9%), da proposta de projetos de lei (11 — 23,4%), da solução de problemas pessoais (três — 6,3%) e da colaboração financeira (um — 2,1%).

Tabela 13

Pergunta 16: "Quais são, por ordem de freqüência, os principais motivos pelos quais suas bases o procuram (numerar de 1 a 7)?"

Opções ordenadas como primeira ou segunda alternativa (em seqüência decrescente de incidência)	% dos 47 deputados que incluíram a opção como primeira ou segunda escolha
Solicitar sua presença junto às bases	55,3
Ajudar a resolver problemas de alguma organização	38,2
Intermediar contatos com outras autoridades	36,1
Pedir empenho na obtenção de recursos do Orçamento	31,9
Propor projetos de lei	23,4
Ajudar a resolver problemas pessoais	6,3
Colaborar financeiramente com instituições	2,1

Nota: alguns deputados não ordenaram todas as opções

Apesar de se ter constatado uma forte associação entre ter como base eleitoral uma cidade ou região e dar prioridade à busca de recursos orçamentários (entre os parlamentares que afirmaram ter como base uma cidade ou região, houve forte presença da indicação de que o primeiro motivo pelo qual o deputado é procurado pelas bases é exatamente o pedido de empenho para a obtenção de recursos), em geral, a posição modal da opção referente ao Orçamento foi apenas a quarta.

Foram significativamente mais intensas as opções referentes ao relacionamento dos deputados com as organizações com que mantêm relações de representação (inclusive do ponto de vista eleitoral). Reforçou-se, pois, a constatação proveniente da política de contratação dos gabinetes, na qual os vínculos entre parlamentares e movimentos sociais eleitoralmente relevantes se mostraram a tônica.

Se considerarmos apenas o somatório da sexta e da sétima opções, como ilustra a tabela 14, o quadro se delineia ainda com mais clareza. A resolução de problemas pessoais (26 menções — 55,3% dos deputados) e a colaboração financeira (27 menções — 57,4%) ocupam largamente as últimas posições na escala, num claro indício de que os atendimentos individual e material são vistos com conotações negativas e entendidos como práticas clientelísticas inadmissíveis, enquanto o atendimento a organizações tem *status* de atividade representativa legítima.

Tabela 14
Pergunta 16: "Quais são, por ordem de freqüência, os principais motivos pelos quais suas bases o procuram (numerar de 1 a 7)?"

Opções ordenadas como sexta e sétima alternativas (em seqüência decrescente de incidência)	% dos 47 deputados que incluíram a opção como últimas escolhas
Ajudar a resolver problemas pessoais	55,3
Colaborar financeiramente com instituições	57,4

Nota: alguns deputados não ordenaram todas as opções

Não é, portanto, no atendimento de clientelas individuais que se dá a atuação dos parlamentares; é no reforço de vínculos representativos coletivos (o que demanda dedicar atenção e tempo às organizações das bases, como revela a primazia da solicitação de presença do parlamentar junto a elas como mais freqüente motivo pelo qual os deputados são procurados) que a conexão eleitoral se efetiva, mais até do que nas atividades legislativas clássicas (como a proposição de leis ou a luta por recursos orçamentários).

Num partido que controla significativamente a atividade parlamentar da bancada; num cenário em que, além da marca partidária, os candidatos precisam reforçar seus diferenciais em busca da reeleição; num contexto de uma ideologia partidária que critica atendimentos individuais; enfim, numa realidade em que os projetos partidários e as pretensões de cada parlamentar precisam ser conjugados, a estratégia da aproximação com os movimentos sociais organizados é a principal escolha estratégica dos deputados petistas, configurando o que se poderia designar como um mandato de serviços voltado para o atendimento de organizações (e não de indivíduos).

Capítulo 5

As opiniões dos deputados sobre o problema da representação

As escolhas semânticas

Esta pesquisa com os deputados petistas baseou-se num questionário composto por perguntas fechadas e abertas, objetivando oferecer aos entrevistados a possibilidade de expressarem, o mais livremente possível, suas concepções sobre a representação política e, paralelamente, permitir a obtenção de evidências sobre como exerciam concretamente seus mandatos. A estrutura do questionário foi concebida exatamente para propiciar a associação de respostas abstratas e gerais com outras objetivas e específicas.

Como a abordagem escolhida não se caracteriza pelo aspecto quantitativista, pretendeu-se apenas, como se pôde observar no capítulo 4, indicar as visões e práticas majoritárias ou minoritárias na bancada, apresentando dados agregados e descrevendo as principais correntes ali presentes. Contudo, como o objeto de análise da pesquisa, em última instância, está constituído de cada parlamentar que compõe a bancada, foi preciso resgatar as individualidades e até as idiossincrasias pessoais como material relevante.

Chegou o momento, pois, de tentar compreender melhor as idéias e os comportamentos dos deputados petistas. Para tanto, como sugere José Luiz Fiorin, serão buscados, nas estruturas discursivas das respostas dos deputados, sinais que indiquem os valores por eles expressos.[68]

---

[68] Fiorin, 1997:75.

Supõe-se ser possível compreender um pouco melhor as visões de mundo de alguém analisando suas intenções discursivas, que se manifestam, consciente ou inconscientemente, por exemplo, em suas escolhas semânticas ou léxicas. Este trabalho não efetua propriamente uma *análise de discurso* como metodologia de abordagem, pois tal utilização demandaria um aprofundamento maior nos discursos dos deputados em outros momentos e circunstâncias.

Contudo, aproveitando as *suposições* do método da análise de discurso, utilizarei, além das respostas objetivas dadas pelos deputados, seus comentários, críticas espontâneas, outras informações não solicitadas (escritas ou manifestadas oralmente) e, fundamentalmente, as respostas abertas do questionário — "Defina em poucas palavras qual é, em sua avaliação, a missão de um deputado" —, de modo a colher subsídios discursivos complementares sobre suas opiniões.

Desse modo, a análise das ênfases dadas por cada parlamentar nas respostas abertas permitiu a produção de inferências relevantes. Um exemplo foi o destaque que parte significativa da bancada deu ao papel do deputado como fiscalizador do Poder Executivo, mesmo não tendo sido esse problema levantado pela pesquisa em nenhum momento.

Justificativa para a não-inclusão de deputados na amostra pesquisada

Todos os 58 deputados federais petistas da legislatura 1999-2002 foram contatados e solicitados a responder ao questionário. Onze parlamentares, por motivos diversos, não tiveram suas respostas incluídas no universo pesquisado. São eles: Fernando Gabeira (RJ) e Esther Grossi (RS), que se recusaram a responder — o primeiro sem apresentar justificativa e a segunda dizendo que não responderia porque não se reelegeu; Henrique Fontana (RS), que se disse assoberbado com as tarefas da transição e pediu, pessoalmente e por *e-mail*, desculpas por não poder colaborar; Gilmar Machado (MG) e João Paulo (SP), que tiveram problema de agenda para receber o entrevistador e não retornaram o questionário respondido pela internet; Aloísio Mercadante (SP), que enfrentou problemas de saúde depois de acompanhar o presidente eleito em viagem ao exterior; Paulo Delgado (MG), que estava viajando quando foi procurado pela primeira vez e não pôde retornar a resposta pela internet; Milton Temer (RJ), que chegou a solicitar o reenvio do questionário por e-mail mas não o retornou preenchido; Orlando Fantazzinni (SP), que respondeu, mas teve seu questionário extraviado; Adão Pretto (RS) e José Pimentel (CE), que mandaram mensagem pela internet sem anexar o arquivo do questionário respondido e, informados do problema, não o reenviaram.

Os outros 47 deputados (mais de 80% da bancada) participaram da pesquisa e tiveram suas respostas aproveitadas para a análise dos dados. Veremos em seguida as respostas de cada um, incluindo eventuais críticas, comentários e sugestões apresentados. Os nomes — cuja grafia respeitou o modo pelo qual eles próprios costumam se apresentar, seja por apelidos seja pelo sobrenome — aparecem em ordem alfabética.

Pretende-se analisar a combinação das respostas fechadas e abertas de cada um (por vezes paradoxais), tentando interpretar, com o auxílio das ênfases e destaques dados pelos deputados, como enquadrá-los efetivamente nas classificações referentes às distintas concepções abstratas sobre representação política e às variadas formas concretas de organização do mandato.

Análise das respostas de cada deputado

ANGELA GUADAGNIN (SP) — ex-prefeita da cidade de São José dos Campos (SP), sugeriu que aquele município era sua principal base (seguida da região) e, em diversas respostas, demonstrou que suas opções eram coerentes com certa prioridade atribuída a essa base (à qual dedica em média 16 dias por mês fora da Câmara). O principal motivo de a procurarem era a luta por recursos orçamentários. Elencou como prioridades, em termos de fidelidade, sua própria consciência, seguida das bases eleitorais.

Apesar de definir o mandato como partidário em todas as questões referentes ao assunto, afirmou peremptoriamente não haver contradição entre partido e bases. "Não ocorrem reações contrárias da base à minha atuação parlamentar", anotou ela ao lado da pergunta 19 (fechada).

Definiu sua missão como deputada da seguinte forma: "Representar a vontade do eleitor, fazer e votar leis, acompanhar e fiscalizar o Orçamento, discutir políticas setoriais públicas, organizar a população". A espontânea inclusão de uma menção ao Orçamento (rara entre as respostas dos demais deputados) sugere que seu mandato, por conta da ligação com o município de origem, é visto como tendo também tarefas de alocação concentrada de recursos.

ARLINDO CHINAGLIA (SP) — arrolou como atores a quem deve, prioritariamente, fidelidade o eleitorado, sua consciência, a população, as bases, o partido e a tendência. Defendeu definições de mandato partidário em todas as respostas em que a questão estava envolvida. Quanto à sua política de contratação, escolheu por indicação de movimentos sociais oito de um total de 12 assessores. O principal motivo pelo qual é procurado pelas bases é a solicitação de sua presença junto a elas, seguida do apoio a organizações.

O deputado avalia dedicar 50% de seu tempo ao atendimento de demandas das bases. Define sua missão assim: "Usar os poderes institucionais, inclusive fora do Parlamento, para transformar a realidade". A ênfase na expressão "fora do Parlamento" é reveladora da teses central deste trabalho: por vezes, é fora das atividades da Câmara que os parlamentares efetivam, em consonância com suas concepções de representação, suas conexões eleitorais.

ARY JOSÉ VANAZZI (RS) — preencheu de próprio punho o questionário. Num aparente paradoxo, classificou a influência das demais instâncias partidárias na atividade parlamentar como insuficiente e considerou que as reuniões dessas instâncias com a bancada haviam sido raras (o que indicaria que, para ele, o partido precisa controlar ainda mais os mandatos); por outro lado, reivindicou mais liberdade para tomar decisões.

Quanto à relação com as bases, a posição é mais cristalina. Seguida da opção pela população, é às bases que ele considera dever mais fidelidade. Contratou, por indicação de movimentos sociais, seis de seus 18 assessores (a quem consulta prioritariamente antes de tomar decisões). Apesar de considerar que seu gabinete não está adequadamente estruturado para atender suas bases, o principal motivo pelo qual o procuram é para solicitar sua presença; dedica 60% do tempo ao atendimento das demandas de suas bases.

Considera que seu mandato é delegado pelos movimentos sociais, definindo-o assim: "Reafirmar a democracia, o combate à corrupção, construção de um debate estratégico sobre novas concepções políticas; espaço de solidariedade, construção e afirmação dos movimentos sociais; afirmação e construção do partido". A menção explícita aos movimentos sociais reforça a importância que o deputado lhes atribui.

AVENZOAR ARRUDA (PB) — considerou prioritárias, por ordem: fidelidade ao partido, população, tendência, bases, consciência e eleitorado. Afirmou que o partido e seus esforços pessoais foram igualmente importantes para a sua eleição. Não reivindica mais liberdade para tomar decisões e consulta o partido para tomá-las. Enfim, representa a visão hegemônica da bancada de que o mandato é partidário.

Tendo como base fundamental o movimento da educação de João Pessoa (PB), contratou, por indicação de movimentos sociais, seis de seus 16 assessores e dedica 10 dias por mês (fora da Câmara) e quatro horas por dia (dentro dela) ao atendimento de suas bases. "A missão de um deputado é representar o interesse público, fiscalizar a aplicação dos recursos públicos e legislar sobre matéria na qual exista conflito na sociedade", definiu.

BABÁ (PA) — talvez tenha apresentado as respostas mais dissonantes da média da bancada. Suas proposições, apresentadas no final de 2002, já permitiam antecipar sua saída do partido no ano seguinte. Na pesquisa, foi o único a marcar a opção não (sem fazer qualquer ressalva) quando perguntado se considerava correto o partido fechar questão e usar o recurso da fidelidade partidária. Foi também um dos três deputados a considerar que as reuniões da bancada com outras instâncias partidárias (realizadas, segundo ele, somente de vez em quando) não haviam sido importantes para a tomada de decisões. Afirmou que desejava mais liberdade para decidir.

Foi ainda o único deputado a escolher a tendência interna como instância prioritária a ser ouvida antes da tomada de decisão, e também contrata por indicação dela (paralelamente à indicação do partido). Não tem nenhum funcionário contratado por indicação de movimentos sociais, apesar de considerar que sua base é o movimento sindical. Seu mandato é encarado como delegado por movimentos sociais.

"O Legislativo está em decadência. O deputado federal está ligado à luta dos trabalhadores, seja através de enfrentamento diário, seja através de projetos para beneficiar os trabalhadores e destruir com a burguesia", foi sua definição para a missão do deputado. Foi a resposta mais antiinstitucional de todas as apresentadas na pesquisa, revelando (em consonância com outras respostas do deputado) uma visão profundamente ideologizada e classista da luta política.

Único parlamentar entrevistado a utilizar a palavra "burguesia", foi o que mais valorizou a tendência interna e também o mais crítico ao partido — o que faz sentido, se forem levadas em conta as profundas críticas que correntes mais à esquerda vêm fazendo ao crescimento da inserção institucional do PT.

Ben-Hur Ferreira (MS) — arrolou como prioridades em termos de fidelidade sua consciência, o partido, as bases, o eleitorado, a tendência e a população. É a favor do fechamento de questão e da fidelidade partidária e considera que sua eleição se deveu ao partido.

Gostaria que as instâncias partidárias influenciassem ainda mais a atividade parlamentar e fizessem reuniões mais freqüentes, pois encara essas reuniões como importantes para a tomada de decisão. Não deseja dispor de mais liberdade decisória e consulta preferencialmente o partido antes de decidir. Define seu mandato como partidário. Não respondeu à questão aberta pedindo que definisse sua missão.

Carlito Merss (SC) — enviou resposta pela internet. Enquadra-se no padrão hegemônico: aceita a influência partidária na atividade legislativa e considera importante o partido nas decisões da bancada, mas salienta a conexão eleitoral individual estabelecida pelas relações com movimentos sociais. Depois do eleitorado, o partido foi o ator social visto como mais importante. É a favor da fidelidade partidária, considera adequada a influência de outras instâncias em decisões legislativas e vê as reuniões com essas instâncias como freqüentes e importantes. Não deseja maior liberdade decisória.

Já quanto à sua eleição, acha que se deveu mais a seus esforços do que ao partido. Tem votação concentrada e, apesar de prioritariamente contratar assessores por relações pessoais, seis de seus 18 assessores foram indicados por movimentos sociais. Define seu mandato como delegado por eleitores; e sua missão como "fiscalizar o Poder Executivo, legislar por avanços sociais e direitos da cidadania e ocupar educativamente o espaço público no sentido da emancipação política da população".

Carlos Santana (RJ) — também prioriza o partido quando perguntado sobre laços de lealdade. É a favor da fidelidade partidária, considera a influência do partido adequada e importante e não deseja maior liberdade. Define o mandato como partidário e consulta assessores antes de tomar decisões.

Sua base é o movimento social e dedica 70% de seu tempo ao atendimento das demandas de sua base. É procurado, principalmente, para intermediar contatos com autoridades e para ajudar a resolver problemas de organização de movimentos sociais. Não respondeu à questão aberta.

Dr. Rosinha (PR) — considerou que a resposta partido era a única opção relevante na primeira pergunta (sobre prioridade de fidelidade) e não ordenou nenhuma outra opção. Optou por respostas pró-partidárias nas questões subseqüentes, inclusive afirmando que consulta primordialmente o partido para tomar decisões.

Com base eleitoral nos movimentos sindical e social, contrata assessores por indicação desses movimentos (quatro de um total de 16 assessores) e dedica 15 dias ao atendimento fora da Câmara. Acrescentou a mão a palavra "partido" na sentença (marcada por ele) de que o mandato era delegado pelos movimentos sociais. Não respondeu à questão aberta.

FERNANDO FERRO (PE) — apesar de arrolar sua consciência como primeiro item a que dá prioridade, situa o partido como segunda opção e declara-se a favor da fidelidade partidária (inclusive debitando ao partido papel mais importante em sua eleição e clamando por mais influência partidária na bancada, não desejando mais liberdade e consultando o partido antes de tomar decisões).

Com votação concentrada (bases em eletricitários, MST, Contag, funcionários públicos), contrata por relações pessoais e indicação do partido, mas tem sete assessores (de 20) indicados por movimentos sociais. Ajudar a solucionar problemas de movimentos organizados é o principal motivo pelo qual o procuram. "Legislar, fiscalizar o Executivo e interagir com a sociedade na busca da construção da cidadania, da construção da democracia e da justiça social" é como define sua missão. A expressão "interagir com a sociedade" é emblemática da relação estabelecida com os movimentos.

FIORAVANTE (RS) — arrolou o partido como terceira opção de fidelidade, após população e consciência. Defendeu a fidelidade partidária e disse consultar preferencialmente o partido antes de tomar decisões, mas considera que sua eleição se deveu a esforços pessoais e desejaria ter maior liberdade decisória. Em todas as respostas, deixou claro que sua concepção de mandato leva em conta a importância do partido, mas sem desconsiderar sua consciência, pois marcou simultaneamente as duas opções na pergunta 19.

Com votação concentrada nos movimentos ligados à agricultura familiar, contrata preferencialmente por relações pessoais, mas dispõe de dois assessores indicados por movimentos sociais. A solicitação de sua presença junto às bases é o principal motivo pelo qual é procurado, seguido pela intermediação de contatos com autoridades e pela colaboração na solução de problemas das organizações.

Definiu sua missão como objetivando "defender o interesse de setores da sociedade — por exemplo, a minha missão aqui é defender os interesses dos pequenos agricultores, dos trabalhadores e dos pequenos empresários", numa clara prevalência da função de representar segmentos sociais.

FLÁVIO ARNS (PR) — mesmo considerando que a fidelidade partidária e o fechamento de questão são recursos legítimos, e defendendo a tese de que a influência de outras instâncias partidárias na bancada é adequada e importante (ele não anseia por maior liberdade decisória), debita sua eleição mais a seus esforços do que ao partido.

Consulta os movimentos sociais antes de tomar decisões importantes e tem ligações com o movimento dos portadores de deficiência. Dedica cerca de 10 dias por mês (fora da Câmara) e duas horas por dia (dentro dela) ao atendimento de suas bases. O principal motivo pelo qual o procuram é a proposição de leis — o que é coerente com as necessidades de intensa produção legislativa para pessoas portadoras de deficiência.

Para ele, seu mandato é "instrumento da sociedade, para que, de forma responsável, estabeleça os canais legislativos de fiscalização e de participação para a construção da cidadania". O campo semântico a que se remetem os termos "instrumento" e "canais" da resposta sinaliza o forte conteúdo de definição do mandato como mediador da relação do Estado com setores sociais.

GERALDO MAGELA (DF) — defende a fidelidade partidária e o fechamento de questão, considera a atuação do partido adequada e não deseja maior liberdade decisória. Sua eleição deve-se, segundo ele, mais ao partido do que a seus esforços pessoais.

Por outro lado, consulta preferencialmente os movimentos sociais para tomar decisões e tem ligações importantes com o movimento sindical. A solicitação de sua presença junto às bases, seguida do pedido de colaboração para resolver problemas de organizações são os principais motivos para que as bases o procurem.

Recusou-se a escolher uma das respostas pré-codificadas para a pergunta 19 e, de próprio punho, escreveu que "o mandato cumpre tarefas delegadas pelos eleitores, de forma ampla, dos movimentos sociais, do partido, mas também é exercido pela capacidade e iniciativas próprias do parlamentar". Na pergunta aberta da questão 20 completou: "Representar os interesses da população, especialmente aquela parcela que mais necessita de políticas públicas que diminuam as desigualdades sociais", enfatizando a defesa dos interesses de setores específicos da sociedade.

IARA BERNARDI (SP) — acertadamente, criticou a formulação do questionário por só se referir aos deputados como "senhor" e, de próprio punho, corrigiu todas as perguntas, alterando a palavra para "senhora". Deu respostas que revelam uma visão do mandato como partidário; ordenou o partido como primeira opção de fidelidade; concorda com o fechamento de questão e não deseja maior liberdade decisória, e consulta preferencialmente o partido. As contratações de seu gabinete se devem à indicação partidária e às suas relações pessoais.

Quanto ao processo eleitoral, acredita que o partido e seus esforços foram igualmente importantes. Sua base eleitoral está concentrada em sua região e não tem, no gabinete, nenhum funcionário indicado por movimentos sociais (não considera que tiveram forte influência em sua eleição).

Os dois primeiros motivos pelos quais é procurada são a solicitação de sua presença junto às bases e o pedido de que se empenhe em conseguir alocações orçamentárias — o que condiz com a definição de que sua base é a região. "Fiscalização, proposição de leis, representação de setores sociais e do meu estado, cumprimento de um programa partidário e debate dos grandes temas nacionais" foi como definiu sua missão.

JAIR MENEGUELLI (SP) — considerou, por ordem, dever fidelidade à população, ao eleitorado, às bases, ao partido, à consciência e, por fim, à tendência interna. Definiu seu mandato como delegado pelos movimentos sociais, apesar de defender a fidelidade partidária, considerar adequada a influência de outras instâncias partidárias em seu mandato e não desejar maior liberdade. Consulta prioritariamente os movimentos sociais antes de decidir.

Com votação concentrada e ligação com os metalúrgicos do ABCD paulista, afirma que sua base é o movimento sindical. Acredita dedicar 50% de seu tempo ao atendimento de demandas das bases, que o procuram fundamentalmente para propor projetos de lei e pedir obtenção de recursos do Orçamento. "Deputado federal tem como objetivo estar discutindo e elaborando e aperfeiçoando leis que atendam melhor à população", definiu.

JAQUES WAGNER (BA) — enumera, por ordem, população, consciência, partido, bases, eleitorado e tendência como atores a quem deve fidelidade. É favorável à fidelidade partidária e considera adequada a relação com outras instâncias partidárias. Diz que reuniões ocorrem de vez em quando, mas são importantes. Não deseja maior liberdade para tomar decisões (antes das quais consulta movimentos sociais e assessores).

A trajetória de Jaques Wagner (primeiro ocupante do Ministério do Trabalho do governo Lula) é ilustrativa de um percurso que muitos parlamentares petistas com mais destaque na imprensa vêm fazendo. Em sua primeira eleição, teve votação concentrada em uma categoria profissional, devido a suas relações com o sindicato dos petroquímicos; na segunda e terceira eleições, sua votação foi mais dispersa por todo o estado.

O deputado não marcou nenhuma das opções na pergunta sobre critério de contratação de assessores: afirmou que contrata por competência profissional (mas assinalou que eles sempre têm alguma ligação com suas bases, além de afirmar que não gosta de contratar por relações pessoais). Dedica 40% do tempo de seu dia ao relacionamento com as bases (os outros 60% aos trabalhos da Câmara).

Marcou duas opções para definir o mandato: assinalou as sentenças de que ele é partidário (mas trocou a expressão "eminentemente partidário" pela expressão "um pouco partidário" e disse que já votou coisas que a base não aceitava) e é delegado por movimentos.

Não respondeu por escrito à pergunta 20 (questão aberta), mas fez comentários que podem ser assim sintetizados: "É uma missão importante na constituição da democracia. Não vejo que a missão de um deputado federal deva estar ligada a vícios parlamentares que são adquiridos por uma eternização de pessoas em mandatos consecutivos. Acredito que deve haver um rodízio de pessoas para não cristalizar costumes".

JOÃO COSER (ES) — mais um deputado que se encaixa no padrão típico de concepção partidária de mandato. Arrolou como fidelidades prioritárias a consciência, seguida do partido, mas defendeu a fidelidade partidária. Diz que sua eleição se deveu ao partido; considerou adequada a relação com outras instâncias partidárias; acredita que as freqüentes reuniões foram importantes; não deseja maior liberdade decisória; consulta prioritariamente o partido antes de decidir; e define o mandato como partidário.

Afirmou também que contrata assessores por indicação do partido, mas 10 de 17 contratados foram indicados por movimentos sociais. Definiu sua missão com a seguinte frase: "Representar um projeto político e partidário, os movimentos sociais e também demandas da sociedade, fortalecer a democracia, legislar para a maioria de trabalhadores, micro e pequenos empresários. Fortalecer o partido, o movimento social e votar com consciência para contribuir no processo educativo para aumentar a consciência do povo", em que fica clara sua preocupação em associar o partido às bases sociais.

JOÃO GRANDÃO (MS) — resposta pela internet. Por ordem de fidelidade, arrolou população, partido, consciência, eleitorado, bases e tendência. É a favor da fidelidade partidária, deve sua eleição ao partido, vê como adequadas as relações com outras instâncias partidárias, considerou as reuniões freqüentes e importantes, não deseja maior liberdade decisória e sempre consulta o partido. Não marcou nenhuma das sentenças disponíveis na pergunta sobre como definia o mandato. Escreveu "nenhuma das alternativas" e completou: "O mandato propõe atender [a] demandas partidárias, considerando os anseios da sociedade".

O deputado tem votação concentrada e afirmou que sua eleição foi influenciada pelos seguintes movimentos: agricultura familiar; MST; bancários; professores; funcionários públicos federais, estaduais e municipais; donas de casa; aposentados. Contrata por indicação do partido, mas 12 de seus 18 assessores foram indicados por movimentos sociais. Escreveu no questionário que seu gabinete se dedica "ao máximo a atender" às demandas de sua base. "Vejo no papel do deputado federal, além da missão de fiscalizador e propositor, o de interlocutor e defensor da sociedade e da nação", definiu.

JOÃO MAGNO (MG) — perguntado se era favorável ao fechamento de questão e à fidelidade partidária, respondeu que "não totalmente" (ressalvou questões de ordem moral e religiosa e de consciência). Debita sua eleição ao partido e a seus esforços, e diz que é adequada a influência do partido na bancada, de tal modo que não deseja ter maior liberdade individual.

Com votação concentrada e ligação com os metalúrgicos, contrata por relações pessoais ("competência e representatividade", completou ele) e não obedece a indicação de bases (considera que elas "não devem intervir dessa maneira", mas devem ser representadas). Dedica 15 dias por mês, fora da Câmara, e três horas por dia, dentro dela, ao atendimento das demandas de sua base. Afirma que sua principal base é a região e o principal motivo pelo qual é procurado é lutar por recursos do Orçamento.

"Meu mandato é voltado para representar o legítimo interesse do povo excluído do Brasil, dos trabalhadores pobres e miseráveis de Minas Gerais. Garantir necessários avanços perante instituições do país que permitam a cidadania a todos. Também o cumprimento, a fiscalização e a elaboração de novas leis." A referência ao estado de origem não parece gratuita. Reforça-se a associação, já constatada em outros parlamentares, entre ter como base a cidade ou a região e ser procurado principalmente para lutar por recursos do Orçamento.

JORGE BITTAR (RJ) — mesmo sendo um deputado com votação dispersa por todo o estado e que avalia não ter sido sua eleição influenciada por nenhum movimento social específico, também contratou alguns assessores a partir da indicação desses movimentos — dois contratados do gabinete de Jorge Bittar têm essa origem.

Por ordem, classifica como relações de fidelidade prioritárias as estabelecidas com a população, seguidas por partido, eleitorado, bases, tendência e consciência. Defende a definição do mandato como partidário (e assinalou todas as respostas que assim o indicavam). Definiu sua missão da seguinte forma: "Servir ao interesse público, tendo como referência as diretrizes programáticas do partido, legitimadas pelo processo eleitoral".

JOSÉ DIRCEU (SP) — em vez de ordenar os vários atores citados na pergunta 1, marcou uma única opção, sugerindo que deve fidelidade exclusivamente ao partido. O partido foi escolhido como prioritário em todas as questões (desde as que discutem a relação com a bancada e com o deputado até aquelas que envolvem o contexto eleitoral — José Dirceu afirmou dever sua eleição ao partido). Para ele, o mandato é eminentente partidário.

Com base eleitoral dispersa (ele escreveu a expressão "voto geral"), o deputado se negou a responder as perguntas sobre política de contratação de assessores, afirmando que se tratava de informação confidencial. O principal motivo pelo qual as bases o procuram é solicitar sua presença. Foi econômico ao definir sua missão: "Construir e defender a democracia".

JOSÉ GENOÍNO (SP) — o deputado talvez seja o paradigma de parlamentar de "opinião pública" (na expressão do próprio deputado) e, como tal, apresenta posição bastante distinta da média da bancada em relação aos movimentos sociais (dos quais tem pouca dependência eleitoral). Deu respostas flagrantemente partidárias, associadas à valorização de sua própria atuação. Arrolou, como relações de fidelidade prioritárias, aquelas com o partido, o eleitorado, a população e a consciência (e garantiu que não há qualquer interferência de bases e tendência na sua atividade parlamentar).

Defende a fidelidade partidária e o fechamento de questão, acredita dever sua eleição ao partido e a seus esforços pessoais, considera adequada a influência do partido na bancada e não deseja maior liberdade decisória. Consulta o partido antes de decidir. Contrata assessores por indicação do partido (indivíduos que se destacam como quadros, cujas competência ou fama os levam a ser indicados por alguém do PT). Não tem nenhum assessor indicado por movimentos sociais.

Apesar de definir o mandato como partidário, disse que essa resposta se complementa com a definição do mandato como exercício de política individual (o deputado riscou a palavra "consciência" e a substituiu por "política" individual). "Defender posições, legislar, fiscalizar o Executivo, representar demandas da sociedade" foi como definiu sua missão. A lembrança da "defesa de posições" como primeira expressão do texto é profundamente indicativa da distinção entre políticos de opinião com expressão nacional — caso de Genoíno — e deputados médios, com bases mais concentradas.

LUCI CHOINACKI (SC) — por ordem, afirmou que deve fidelidade antes às bases do que a qualquer outro ator — seguiram-se partido, população, consciência, eleitorado e tendência. Defende o fechamento de questão e a fidelidade partidária em assuntos como economia, mas não em decisões de foro íntimo. Diz dever sua eleição a seus esforços individuais (mas ressaltou que o partido ajudou).

A influência de outras instâncias partidárias sobre a bancada é insuficiente (para a deputada, deveria ser mais articulada), mas, ao mesmo tempo, ela desejaria mais liberdade decisória, justificando a resposta exatamente pela existência de dois tipos de questão (decisões políticas e econômicas, vistas como partidárias; e questões de foro íntimo, individuais). Antes de tomar decisões, consulta assessores, que são contratados preferencialmente por indicação de movimentos sociais (que, em seu gabinete, precisam aprovar a contratação de qualquer pessoa) — três de seus nove assessores foram indicados por esses movimentos.

A solicitação de sua presença junto às bases é o principal motivo pelo qual a procuram. Definiu sua base como o movimento social, e seu mandato, como delegado por esses movimentos (mas fez questão de dizer que considera que outras respostas — como partido, eleitores e sua consciência — estão interligadas à opção marcada). "Estruturar fundamentos na educação política e pedagógica dos excluídos, dar consciência às pessoas que não a têm de como ter acesso aos seus direitos" foi a definição dada para sua missão.

LUCIANO ZICA (SP) — deu respostas que salientam o papel do partido. Sua ordenação no tocante à fidelidade foi a seguinte: população, partido, bases, eleitorado, consciência e tendência. Defende a fidelidade partidária e o fechamento de questão, credita sua eleição ao partido e considera adequada a relação da bancada com outras instâncias.

As reuniões, freqüentes, foram importantes para a tomada de decisões (consulta o partido antes de tomá-las) e decide preferencialmente contratações para seu gabinete por indicação do partido. Dedica 15 dias por mês, fora da Câmara, ao atendimento de demandas de sua base, além de quatro horas diárias, dentro da Câmara. Define seu mandato como partidário e sua missão como: "Legislar, fiscalizar e ser instrumento no Parlamento das demandas populares e do PT". Sintomático que até mesmo na resposta aberta tenha citado o partido.

LUIZ ALBERTO (BA) — deu grande ênfase às bases e aos movimentos sociais (as bases foram sua primeira opção de fidelidade, seguidas pelo partido; mencionou explicitamente que não considera haver qualquer influência de tendência interna em sua atividade parlamentar). Defendeu a fidelidade partidária, considerou adequada a influência do partido na bancada e as reuniões foram vistas como freqüentes e importantes. Não deseja maior liberdade decisória e debita sua eleição a seus esforços e ao partido.

Antes de decisões, consulta movimentos sociais e tem votação concentrada sobretudo na região de Salvador e no movimento negro. Contrata por indicação de movimentos — todos os 15 assessores são ligados a eles. Na pergunta que pedia para quantificar as horas que dedica ao atendimento das bases na Câmara, não especificou, mas disse que se pode considerar que "todas as horas" são utilizadas para esse fim.

A solicitação de sua presença junto às bases e o apoio na solução de problemas de organizações são os principais motivos pelos quais é procurado. Tem como base principal o movimento social (mas ficou em dúvida sobre marcar região). Apesar de definir o mandato como partidário, ao dissertar sobre sua missão ressaltou a forte ênfase na representação dos movimentos sociais: "Importa dar ampliação às demandas e às reivindicações das demandas sociais".

LUIZ EDUARDO GREENHALGH (SP) — assinalou "consciência" como primeira opção de fidelidade e definiu o mandato como exercício individual de consciência. Contudo, em relação ao papel do partido, enquadrou-se no padrão hegemônico: é a favor da fidelidade partidária e do fechamento de questão, não deseja maior liberdade decisória e até mesmo clamou por relações mais intensas entre partido e bancada. Acredita dever sua eleição ao partido e a seus esforços.

Consulta prioritariamente os movimentos sociais; depois, seus assessores e o partido. Com votação dispersa e ligações com MST, Plebiscito contra a Alca, MTST, Movimento pela Habitação, Movimento da Saúde e Anistia Internacional. Contrata por relações pessoais e por indicação dos movimentos — quatro de seus 16 assessores se originaram deles.

Disse que a colaboração na resolução de problemas de organizações é o principal motivo pelo qual o procuram. Definindo que sua base é o movimento social (mas também ressaltando ter votos dispersos por todo o estado), dissertou sobre sua missão salientando a necessidade de organizar a sociedade: "Representar os interesses do povo brasileiro na formação da Nação, sob todos os pontos de vista, principalmente da organização da sociedade em busca de seus direitos. Meu lema é a luta faz a lei!".

Luiz Sérgio (RJ) — afirmou ser favorável à fidelidade partidária, mas não ao fechamento de questão quando o assunto é polêmico, como projetos legalizando o aborto. Debita sua eleição ao partido, a seus esforços pessoais e a mais um item incluído por ele: o trabalho de equipe (criticou a personalização do voto). Não deseja maior liberdade decisória e consulta o partido antes de decidir. Definiu o mandato como partidário.

Cinco de seus 16 assessores foram indicados por movimentos sociais (que constituem o principal meio que utiliza para decidir quem contratar). Crê investir um terço do seu tempo dentro da Câmara, diariamente, às demandas de sua base, e calculou investir dois terços de seu tempo total nessa tarefa.

Intermediar contatos com autoridades e colaborar para resolver problemas de organizações foram os principais motivos citados para que as bases o procurem, o que converge com a utilização do verbo "apoiar" na definição que deu para sua missão: "Propor, fiscalizar e apoiar".

Marcos Afonso (AC) — um dos dois parlamentares a apresentar visões mais fortemente virtualizadas de mandato: foi o único a considerar excessiva a influência de outras instâncias partidárias na bancada, e desejaria ter mais liberdade decisória. Afirmou dever fidelidade, primeiramente, à própria consciência (e, em seguida, ao partido) e marcou a opção de que o mandato é um exercício de consciência individual (mas afirmou que também é partidário). O partido e seus esforços foram vistos como igualmente importantes em sua eleição.

Com votação dispersa por todo o estado, também não desenvolve relações especiais com movimentos sociais. Contrata assessores por relações pessoais e nenhum de seus 10 assessores provém desses movimentos (afirmou que nem sequer tem gabinete no estado de origem). Ao todo, crê investir 20% de seu tempo no atendimento de demandas das bases. "Radicalizar a democracia, universalizar a cidadania e lutar pela conquista de sua sustentabilidade" foi como definiu sua missão.

Marcos Rolim (RS) — respondeu pela internet e foi o segundo parlamentar a dar respostas que indicam uma visão de mandato parlamentar como não-delegado, sobretudo nas perguntas mais genéricas. Elencou a consciência como prioridade (o partido foi apenas a terceira opção), definiu o mandato como exercício de consciência individual, vê em seus esforços pessoais o maior motivo de sua eleição e consulta preferencialmente seus próprios assessores (que são contratados por relações pessoais, e dos quais nenhum dos 15 foi indicado por movimentos sociais) antes de tomar decisões.

Apesar disso, em outras perguntas envolvendo questões práticas, não se opôs à fidelidade partidária e considera que, no PT, a relação com outras instâncias é adequada — ele não deseja mais liberdade decisória. Tal qual Marcos Afonso, sua votação é dispersa por todo o estado, não tem qualquer ligação especial com movimentos sociais, e dedica 20% de seu tempo às bases.

"Um deputado federal deve, prioritariamente, legislar buscando, com seus projetos, consolidar reformas de conteúdo democrático e republicano. Deve, também, fiscalizar os atos do Poder Executivo e contribuir, com seus gestos e opiniões, para a conquista de uma sociedade justa e para a afirmação de uma cultura de paz" — foi como definiu o trabalho dos deputados.

Percebe-se na definição a ausência de menção a organizações, o que novamente aproxima o perfil de Marcos Afonso do de Marcos Rolim: os deputados com visão mais virtual de mandato têm voto disperso, sem ligações eleitorais com movimentos sociais.

MARIA DO CARMO LARA (MG) — as bases e, em seguida, o partido foram as prioridades de fidelidade indicadas pela deputada. Defendendo a fidelidade partidária e o fechamento de questão, considerou adequada a influência do partido na bancada e não deseja maior liberdade. Consulta o partido antes de tomar decisões e define o mandato como partidário.

Do ponto de vista eleitoral, tem base concentrada — Igreja e movimentos de professores de sua região são as principais instituições com que se relaciona. As contratações são feitas a partir de relações pessoais e de indicações dos movimentos (oito dos 16 assessores provêm dessas organizações). A solicitação de sua presença junto às bases e o pedido de apoio para resolver problemas de organizações lideram os motivos pelos quais é procurada.

"Fazer o trabalho de fiscalização do governo federal, propor leis para o Brasil e trabalhar no estado promovendo organização popular e o crescimento da consciência crítica da população" foi a definição para a missão do deputado — mais uma vez, uma parlamentar com vínculos com movimentos sociais menciona, em sua resposta dissertativa, o problema da organização popular como prioridade.

NELSON PELLEGRINO (BA) — mesmo reservando apenas a quarta opção de prioridade para o partido na pergunta 1, defendeu a fidelidade partidária, considerou adequada a influência de outras instâncias na bancada e não deseja maior liberdade decisória. Sua eleição deveu-se ao partido e a seus esforços.

Antes de tomar decisões, consulta assessores (completou com a expressão "mais próximos"). Tem votação concentrada e ligações com os movimentos de direitos humanos e sindical. Contrata a partir de indicação de movimentos sociais e de tendência — 10 dos seus 20 assessores vêm dos movimentos.

Foi um dos dois deputados a apontar o pedido de ajuda para resolver problemas pessoais como principal motivo para ser procurado pelas bases, às quais imagina dedicar 60% de seu tempo. Definiu o mandato como delegado por eleitores (e comentou que nunca seria a opção de exercício de consciência individual). "Materializar no plano legislativo projeto e disputa de poder político a que ele está vinculado" foi como definiu sua missão.

NILMÁRIO MIRANDA (MG) — por ordem, priorizou como atores a quem deve fidelidade: população, partido, consciência, bases, eleitorado e tendência. É favorável à fidelidade partidária e ao fechamento de questão (ressalvados temas de consciência e moral). Credita sua eleição ao partido e a seus esforços. Crê ser adequada a influência do partido na bancada (segundo ele, o partido acompanha e interfere, mas não patrulha), mas paralelamente marcou a opção de que deseja mais liberdade.

Consulta os movimentos sociais antes de se decidir, mas sentiu dificuldades em nomear com que movimentos tem relação mais próxima — citou os movimentos ligados à defesa dos direitos humanos, mas em seguida afirmou que seria um "chute", pois sua trajetória seria extensa e difusa demais. O critério para a contratação de assessores não se encaixou em nenhuma das respostas pré-codificadas: disse que contrata especialistas em sua área de atuação (mas não citou quem os indica).

Os principais motivos para que seja procurado pelas bases são a resolução de problemas de organizações, seguida da intermediação de contatos com autoridades (enfatizou que não trata de problemas pessoais nem colabora financeiramente). Marcou, na pergunta sobre como definiria seu mandato, a opção de que seria uma delegação dos movimentos sociais, mas disse que a delegação dos eleitores teria igual peso. Assim definiu sua missão: "Legislar, fiscalizar e representar sua base (não necessariamente sua base eleitoral)".

NILSON MOURÃO (AC) — depois de população, declara fidelidade prioritária ao partido, defende a fidelidade partidária, debita sua eleição ao partido, considera adequada a relação deste com a bancada, e não deseja maior liberdade decisória. Consulta o partido antes de se decidir e define o mandato como partidário.

Com ligações com os agricultores familiares de sua região, contrata assessores por indicação dos movimentos sociais — oito dos 17 contratados. Dedica 15 dias por mês e quatro horas por dia ao atendimento das bases, que o procuram principalmente para solicitar sua presença. A função de representar esses segmentos transparece na resposta dissertativa sobre sua missão: "Expressar, no plano público, o projeto político e as demandas das bases eleitorais".

PADRE ROQUE (PR) — ordena, como fidelidades prioritárias, população, eleitorado, partido, bases, consciência e tendência. Favorável à fidelidade partidária e ao fechamento de questão, diz dever sua eleição ao partido e não deseja maior liberdade decisória. Define o mandato como partidário.

Antes de decidir, consulta assessores, que são contratados preferencialmente por relações pessoais — nenhum de seus 18 assessores foi indicado por movimentos sociais. Acredita dedicar 70% de seu tempo ao atendimento das bases. Dá uma definição canônica para sua missão: "Fiscalizar atos do Executivo e legislar".

PAULO PAIM (RS) — o deputado enviou suas respostas pela internet, mas também recebeu o entrevistador em seu gabinete, respondendo novamente ao questionário. Pequenas variações foram constatadas. Ao graduar a ordem de fidelidades, enumerou população, consciência, eleitorado, bases, partido e tendência. É a favor da fidelidade partidária e não deseja maior liberdade decisória.

Debita sua eleição a seus esforços pessoais e, antes de tomar decisões, consulta os movimentos sociais e o partido (na resposta ao entrevistador, marcou apenas a opção movimentos sociais). Com votação dispersa, mas ligações com os aposentados e pensionistas, contrata por indicação de movimentos sociais — oito de um total de 12 assessores. Considera que sua base são os movimentos sociais e dedica 30% de seu tempo ao atendimento de suas demandas (essa questão só foi respondida no questionário passado pelo entrevistador).

Define o mandato como um exercício de consciência. Pela internet, escreveu que sua missão seria "representar o povo e contribuir para a construção de uma sociedade com justiça, igualdade e solidariedade". Na resposta ao entrevistador, completou: "Representar os interesses do povo brasileiro no Congresso numa expectativa de ajudar a construção de uma sociedade com justiça, liberdade e igualdade. O deputado, na verdade, é delegado a ele o poder vindo do povo, ele tem obrigação de prestar contas ao povo de sua atuação". O forte conceito de representação de interesses perpassa as duas definições.

PAULO ROCHA (PA) — define o mandato como partidário, consulta o partido antes de se decidir, considera a relação do partido com a bancada adequada e não deseja maior liberdade decisória.

Tem ligações com o movimento sindical e contrata assessores por indicação dos movimentos sociais — 12 de um total de 18. Dedica 10 dias por mês e duas horas por dia ao atendimento das bases, que o procuram principalmente para resolver problemas de organizações e solicitar sua presença. Não marcou nenhuma das opções sugeridas para definir o mandato e escreveu, de próprio punho, que o "mandato é partidário e cumpre tarefas delegadas pelos movimentos sociais". Na questão aberta, completou: "Articulador dos interesses de seus representados".

PEDRO CELSO (DF) — o partido foi sua segunda opção de fidelidade (depois da população), mas define o mandato como partidário, defende a fidelidade partidária, debita sua eleição ao partido, vê as relações entre bancada e outras instâncias como adequadas e não deseja maior liberdade. Consulta o partido antes de tomar decisões.

Tem votação concentrada e ligações com o movimento sindical — contrata por indicação dos movimentos (10 de seus 16 assessores têm essa origem) e dedica 10 dias por mês e duas horas por dia ao atendimento das bases.

É procurado, principalmente, para intermediar contatos e se fazer presente junto às bases. Incorpora, ao definir a missão do deputado, a importância de apoiar os movimentos sociais: "Elaborar leis, fiscalizar as atitudes do Poder Executivo, organizar e ajudar os movimentos sociais e combater as injustiças sociais".

PEDRO EUGÊNIO (PE) — apesar de ter sido eleito deputado por outra legenda em 1998 (o PSB), considerou que o partido é o ator mais importante a que deve fidelidade

— criticou a insuficiência da influência do partido sobre a bancada, afirmou que as reuniões são realizadas apenas de vez em quando, e não foram importantes para sua tomada de decisão. Não deseja maior liberdade decisória.

Na resposta à pergunta sobre quem consultava prioritariamente antes de decidir, afirmou que consultava a todos — para ele, não há padrão fixo e isso depende do tipo de questão envolvida. Contrata assessores por relações pessoais e não tem em seu gabinete nenhum contratado por indicação de movimentos sociais.

Tem voto disperso e define o mandato como delegado pelos eleitores. "Missão política de representação da sociedade, não apenas legislando, mas articulando interesses sociais sintonizados com o programa do partido e nosso ideário" foi como definiu sua missão, confirmando o padrão das respostas objetivas, em que demonstrou dar primazia à representação da sociedade, entendida genericamente, mais do que a segmentos específicos dela.

PROFESSOR LUIZINHO (SP) — apresentou padrão de respostas pró-partido: este foi seu primeiro item em relação à fidelidade, mostrou-se favorável ao fechamento de questão, considerou adequada a influência sobre a bancada, disse que as reuniões são freqüentes e importantes, não deseja maior liberdade decisória, consulta o partido antes de se decidir e define o mandato como partidário.

Tem votação concentrada e ligações com os movimentos populares de sua cidade. Contrata assessores preferencialmente por indicação do partido, mas quatro deles foram indicados por movimentos sociais. É procurado principalmente para ajudar a resolver problemas de organizações e lutar por recursos do Orçamento (o que confirma, respectivamente, sua ligação com movimentos e sua visão de que sua principal base é a cidade). "Zelar pelo bem do povo" foi sua sucinta definição para a missão do deputado.

RICARDO BERZOINI (SP) — o primeiro ministro da Previdência do governo Lula seguiu o mesmo padrão de respostas pró-partido: ordenou partido, população, bases, eleitorado, tendência e consciência como atores a quem deve fidelidade; concordou com o recurso do fechamento de questão; debita sua eleição ao partido; considera adequada a relação de instâncias partidárias com a bancada; acha que as reuniões são freqüentes e importantes; não deseja maior liberdade; consulta o partido antes de se decidir e define o mandato como partidário.

Apesar de ter ligações com o movimento sindical dos bancários (que define como sua base eleitoral) e afirmar que contrata por indicação das bases, nenhum de seus assessores tem essa origem. Dedica seis dias por mês e quatro horas por dia ao atendimento de suas bases, que o procuram principalmente para intermediar contatos com autoridades e pedir que proponha projetos de lei.

Define assim a missão de um deputado: "Representar seu partido, trazendo para o interior do mesmo demandas e opiniões da base social e intervindo no debate parlamentar". Exceto pela inexistência de assessores oriundos do movimento social, a referência à "base social" se coaduna com outras respostas que denotam grande conexão com movimentos sociais.

TARCISIO ZIMMERMANN (RS) — as respostas, enviadas pela internet, destacam o papel do partido, sua primeira opção de fidelidade. Defende a fidelidade partidária e o fechamento de questão, debita sua eleição ao partido, considera que outras instâncias deveriam influenciar ainda mais a bancada, não deseja maior liberdade, consulta o partido antes de se decidir e define o mandato como partidário.

Tem votação concentrada e ligações com o movimento sindical, que é sua base. Contrata por indicação dela — 11 de seus assessores foram indicados por movimentos sociais. Afirma que seu gabinete está adequadamente estruturado para atender às demandas de sua base (mas anotou, ao lado da questão, "precisamos aprimorar mais"). O principal motivo pelo qual é procurado é a solicitação de sua presença junto às bases.

Para ele, o mandato "tem a responsabilidade de contribuir na construção de um projeto para o país. Cumpre, assim, uma responsabilidade coletiva, o que pressupõe fidelidade aos princípios partidários e capacidade de interlocução com o partido, movimentos sociais e com as aspirações populares no sentido mais geral".

TELMA DE SOUZA (SP) — assim como a deputada Luci Choinacki, criticou o uso, no questionário, da expressão "o senhor", considerando que isso excluía as deputadas. Arrolou, por ordem de fidelidade, os seguintes atores: população, consciência, eleitorado, bases, partido e tendência. Apesar da má colocação do partido nesta pergunta, defendeu a fidelidade partidária e o fechamento de questão. Considera adequada a relação com a bancada, avalia que as reuniões foram freqüentes e importantes e não deseja maior liberdade decisória.

Não escolheu uma opção na pergunta sobre a quem consultava antes de se decidir, afirmando que a decisão deveria ser contrabalançada por todos. Assim como o deputado Jaques Wagner, o perfil de sua votação se alterou com o tempo: ex-prefeita de Santos, onde, segundo ela, ainda está metade de seu eleitorado, agora tem votos dispersos por todo o estado. Ela explica, em relação à ligação com movimentos sociais, que o movimento dos portuários historicamente votou nela, mas depois que foi prefeita houve a "generalização" dos votos.

As contratações de assessores se dão em diversas fontes ("o que importa é a competência e o olhar da pessoa", disse a deputada) — cinco de 18 assessores foram indicados por movimentos sociais. Dedica às bases 12 dias por mês e três horas (fora do gabinete, mas dentro da Câmara) por dia. A solicitação de sua presença é o principal motivo pelo qual a procuram (não preencheu as opções colaborar financeiramente com instituições e ajudar a resolver problemas pessoais, anotando ao lado "raramente").

"Mandato é um *mix* de eleitores, bases, projetos, ações éticas e novas ousadias. Representar os interesses da população, avançar o processo democrático, garantir as expressões de desejo da maioria (se não toda) da população etc." foi sua resposta dissertativa.

TILDEN SANTIAGO (MG) — defende a fidelidade partidária, credita sua eleição igualmente ao partido e a seus esforços, considera a influência do partido na bancada adequada, acha que as reuniões são freqüentes e importantes, não deseja maior liberdade, consulta o partido para se decidir e define o mandato como partidário (mas cortou, na opção escolhida, o final da frase — "mesmo que em desacordo com os desejos de minha base").

Tem votação dispersa e relações com movimentos da Igreja Católica. Contrata assessores preferencialmente por relações pessoais, mas seis de seus 18 assessores foram indicados por movimentos. Dedica 12 dias por mês e três horas por dia ao atendimento de demandas de sua base. Foi um dos dois deputados que assinalaram o pedido de ajuda para resolver problemas pessoais como primeira opção de resposta à pergunta sobre os motivos pelos quais é procurado.

Definiu assim a missão de deputado: "Representar o povo, legislar, fiscalizar os poderes, apoiar os movimentos, construir o partido, transformar a realidade e as instituições, democratizar e popularizar poderes".

Virgílio Guimarães (MG) — deu grande destaque à atuação parlamentar baseada no que chamou de "coletivo do mandato". Arrolou, como fidelidades prioritárias, partido, consciência, população, bases, eleitorado e tendência (disse que não participa de nenhuma). Defendeu a fidelidade ("em princípio") e, quanto à sua eleição, disse que o partido foi força decisiva (ressaltando, porém, que em seu estado só três deputados foram puxados pela legenda) e definiu o mandato como partidário.

Considerou a influência de outras instâncias partidárias na bancada insuficiente e que as reuniões acontecem de vez em quando e não são importantes. Apesar disso, não deseja maior liberdade decisória. Antes de se decidir, consulta assessores (remunerados ou não, que o acompanham em seminários ou plenárias). Contrata por indicação de movimentos sociais — seis de 16 assessores (informou também que, no gabinete de Brasília, só dois assessores foram escolhidos por ele — os outros foram indicados pelo coletivo do mandato em Belo Horizonte).

Dedica 18 dias por mês e duas horas por dia ao atendimento das bases. A solicitação de sua presença é o principal motivo pelo qual o procuram. Considera que 70% de seu tempo são dedicados às bases (fez questão de enfatizar que seu mandato é marcado pela constante presença junto às bases). "Transformar a sociedade injusta" foi como definiu sua missão.

Waldir Pires (BA) — foi o respondente mais crítico à formulação do questionário e não respondeu a muitas perguntas assinalando as respostas oferecidas e, sim, sugerindo respostas alternativas. Não respondeu à pergunta sobre ordem de fidelidade, afirmando apenas que dá prioridade aos compromissos éticos e ideológicos. É a favor da fidelidade partidária, debita sua eleição ao partido e a seus esforços, disse que a influência das instâncias na relação com a bancada é conjugada e que as reuniões com a bancada foram importantes para tomar decisões (completou com a expressão "mais ou menos" em seguida, justificando que ele obedece a um conjunto de princípios e valores).

Afirmou que seria incoerente tomar decisões diferentes da ideologia do PT, que não possui conflito dentro do corpo de idéias — outras respostas indicaram que ele não deseja maior liberdade decisória. Não marcou nenhuma das opções oferecidas na pergunta sobre quem consulta antes de se decidir: garantiu que consulta seus princípios, mas questões fechadas pelo partido devem ser seguidas.

Contrata assessores por sua competência, responsabilidade, lealdade e discrição (não assinalou quem os indica, mas respondeu que nenhum foi indicado por movimentos sociais). Todos os dias, dedica de 10 a 15% de suas horas ao atendimento das bases.

É procurado para propor projetos de lei e para lutar por recursos do Orçamento (foram as duas únicas opções marcadas por ele, justificando que "era deputado de oposição"). Não quis responder à pergunta sobre quanto de seu tempo total destinava às bases, afirmando que se dedica aos grandes problemas do país, às demandas da transformação social e ao ajuste da economia.

Definiu o mandato como exercício de consciência (e completou com a sentença: "enfatizando a consciência de suas responsabilidades como cidadão". Quanto à sua missão, disse que seria "representar os interesses da população de forma a traduzir o compromisso de suas responsabilidades com a dignidade da vida humana, com a garantia de suas liberdades e com a igualdade de oportunidades e condições".

WALTER PINHEIRO (BA) — por ordem de fidelidade, arrolou população, partido, eleitorado, bases, consciência e tendência. Defende a fidelidade partidária, acredita que sua eleição se deveu ao partido e a seus esforços, considera adequada a influência do partido na bancada e freqüentes e importantes as reuniões realizadas. Suas decisões são tomadas de forma coletiva (não respondeu se deseja maior liberdade decisória).

Consulta preferencialmente os movimentos sociais e o partido. A contratação de assessores não obedece a qualquer critério específico (não assinalou nenhuma opção nem forneceu números). Dedica 12 dias por mês e quatro horas por dia ao atendimento das bases. A solicitação de sua presença e de ajuda para a resolução de problemas de organizações são os principais motivos pelos quais é procurado.

Disse que sua base eleitoral é o movimento social e definiu mandato como delegado pelos eleitores (mas reclamou do fechamento das respostas na questão). "Missão de representar conjunto de idéia de setores da sociedade, elaborando leis e atuando rigorosamente na fiscalização dos atos do poder" foi sua definição na resposta dissertativa, dando destaque à representação de setores sociais específicos.

WELLINGTON DIAS (PI) — o atual governador do Piauí marcou apenas a opção população na pergunta sobre ordem de fidelidade. Defendeu a fidelidade partidária e o fechamento de questão. Crê ter sido o partido o principal responsável por sua eleição. Considera adequada a relação do partido com a bancada, bem como freqüentes e importantes as reuniões. Não deseja maior liberdade decisória e consulta o partido ao tomar decisões.

Tem votação dispersa pelo estado e contrata assessores, preferencialmente, por indicação dos movimentos sociais (não respondeu quantos). Na Câmara, dedica quatro horas por dia ao atendimento das bases, que o procuram principalmente para intermediar contatos com autoridades. Define sua missão como a "representação dos desfavorados" (sic).

Conclusão

Resumindo nossas discussões, o capítulo 1 apresentou os argumentos centrais dos principais debates desenvolvidos nos capítulos subseqüentes. O capítulo teve como objetivo primordial abordar as circunstâncias das disputas eleitorais contemporâneas, que chamei de *nova ambiência eleitoral*, caracterizada por fenômenos como a supervalorização da figura do candidato; a prevalência de um perfil de eleitor com racionalidade de baixa informação, autocentrado e propenso à aceitação de atalhos informativos que facilitem a decisão através do processamento clínico de informações prévias; e campanhas com impacto limitado, incapazes de, sozinhas, alterar um quadro determinado por fatores externos.

Também por influência do sistema eleitoral, os partidos — mesmo os que nasceram e se constituíram sob a égide da disputa ideológica, como o PT — passaram a se preocupar com essas questões (a vitoriosa estratégia de marketing da campanha presidencial de Lula deu mostras de que alguns desses problemas foram devidamente incorporados à discussão partidária). Muitas das transformações históricas por que passou o PT se devem exatamente à sua tentativa de capacitar-se a não só disputar, mas a vencer eleições — a mesma pretensão que, ao lado da construção de um projeto partidário, têm, individualmente, os deputados petistas.

Em seguida, no capítulo 2, classifiquei estudos produzidos sobre o PT, inclusive incorporando alguns provenientes de outras áreas do conhecimento que não a ciência política. Vimos que os principais eixos temáticos da produção acadêmica — e também da produção militante ou dirigida ao grande público — podem ser enquadrados em ciclos: num primeiro momento, a indicação da novidade petista; em seguida, após os primeiros sucessos eleitorais, os desafios de ser governo; uma terceira vertente enfatizou os dilemas internos decorrentes da maior inserção institucional e a conseqüente crise de identidade (agravada pelo quadro de disputas internas no partido); por fim, textos flagrantemente críticos, cada vez mais presentes à medida que o partido ocupa parcelas crescentes de poder.

Admitindo a hipótese do desejo de reeleição — ou da continuidade bem-sucedida da carreira política em outros postos de poder — dos deputados como verdadeira, objetivei compreender como os deputados petistas coordenam suas estratégias individuais de maximização eleitoral num contexto de regras partidárias rígidas, sendo exatamente o arcabouço institucional petista o objeto de análise do capítulo 3. Pudemos verificar que o PT apresenta, em sua normatização interna, instrumentos de controle partidário sobre os mandatos.

Os valores a partir dos quais o PT se constituiu do ponto de vista organizacional são a defesa de ideário consensualista (com participação ativa das minorias nos processos decisórios e na constituição das direções, via proporcionalidade), a defesa da idéia de que os corpos representativos devem ter relação especular com a base e de que os mandatos devem ser exercidos de forma imperativa, não virtual.

Ao longo dos anos, ocorreram modificações, expressas no novo Estatuto do partido, aprovado em 2001: exemplos são a instituição de processos de eleições diretas (PEDs) para as direções partidárias (com voto em separado para presidente), a ampliação do exercício do mandato de direção partidária e a oficialização de mecanismos de consultas aos filiados (prévias, plebiscitos e referendos).

Os documentos reiteraram os compromissos históricos com valores como a responsividade no exercício de representação, mantiveram os princípios de proporcionalidade nas disputas e de definição da representação (seja das direções partidárias, seja dos petistas eleitos para funções públicas) controlada por outras instâncias partidárias.

Apesar dessa manutenção, há indícios de uma tendência que levaria a alterações mais profundas no futuro, sobretudo a partir dos desafios inaugurados com o governo Lula: maior pretensão das direções partidárias e de ocupantes de postos de poder de dispor de mais autonomia decisória; crescimento institucional do partido, com as conseqüentes mudanças de sua própria composição (decorrentes do processo de profissionalização); e fortalecimento dos mandatos parlamentares como instâncias que adquirem peso intensificado dentro do partido.

Mais do que mudanças estatutárias ou estruturais profundas, as transformações podem ser percebidas na prática política cotidiana, cada vez mais orientada pela disputa no mercado eleitoral, sendo sinais desse processo as decisões de ampliar o arco de alianças e o pragmatismo na condução de campanhas eleitorais.

Contudo, mesmo tendo passado por algumas transformações, o PT continua sendo um partido com forte controle sobre os representantes eleitos pela legenda. A questão que tentei responder, portanto, foi como os deputados federais, procurando agir estrategicamente na busca da maximização eleitoral (reforçada pelos fenômenos que descrevi como a *nova ambiência da disputa*), se comportam num partido com a configuração do PT.

Verificamos, nos capítulos 4 e 5, que a atuação legislativa dos deputados petistas é significativamente influenciada pelas decisões partidárias coletivas, o que conduz o deputado mediano do PT — sobretudo aquele com estreita dependência de bases eleitorais concentradas em grupos sociais organizados, como movimentos sindicais ou sociais — a deslocar para a organização de seu gabinete grande parte de seu esforço.

Diante das limitações impostas por normas, práticas, ideologia e história do PT no sentido de que os deputados utilizem seus mandatos livremente para tomar decisões legislativas que possam maximizar votos (e também impedidos de adotar práticas clientelistas de serviços a eleitores individualmente), a maioria dos deputados tende a concentrar tempo, esforço e recursos legislativos na transformação da estrutura de seu gabinete em máquina eleitoral de atendimentos às organizações.

Por meio de *case works* "mediatizados" pelas organizações sociais a cujas bases eleitorais o deputado está ligado e por meio da política de profissionalização de quadros oriundos dos movimentos sociais aos quais dedicam tempo e atenção preferenciais, os deputados compensam as limitações impostas pela estrutura partidária na busca de maximização eleitoral, aproveitando-se, contudo, das vantagens de pertencerem a uma legenda com alta visibilidade e reconhecimento, cujo projeto coletivo eles ajudam a construir.

Os resultados demonstram que as posições hegemônicas na bancada são o reconhecimento de que o mandato é eminentemente partidário (62% dos deputados entrevistados escolheram a definição mais partidária entre as disponíveis) e a concordância em que deve haver fidelidade partidária e em que o fechamento de questão é um recurso legítimo (excetuadas as questões nas quais o partido historicamente não define posição única).

Os deputados afirmaram que o mandato é partidário e deve ser regulado pelo partido e que as instâncias partidárias estabelecem contato periódico e relações orgânicas para tomar decisões e orientar os trabalhos legislativos. A concepção de que os mandatos são delegados e, não, virtuais é também amplamente hegemônica.

A percepção da influência do partido, contudo, diminui nas avaliações sobre o desempenho eleitoral, se comparada com a influência partidária no exercício do mandato. As respostas sugerem que o PT não é tão importante na eleição dos deputados quanto o é no exercício de seus mandatos. O processo eleitoral é visto pelos políticos como um momento em que eles, individualmente, têm um papel tão relevante quanto o partido, sugerindo um equilíbrio entre a estrutura partidária e os esforços pessoais na produção do sucesso eleitoral.

Na média, eles consideram o partido importante em suas eleições (mais até do que indicaram outros estudos), mas sugerem que só a legenda não garantiria a vitória, pois há competição externa e interna e eles precisam cultivar, além da participação nas estratégias partidárias, estratégias individuais para maximizar votos.

Além de uma significativa rejeição à influência das tendências na atividade parlamentar, as respostas com viés mais objetivo indicam que a preocupação dos parlamentares com o atendimento das demandas de suas bases constitui uma das tarefas prioritárias de seus mandatos.

Considerando que o partido regula a atuação legislativa de sua bancada (com a concordância desta) e também que os deputados precisam produzir diferenciais competitivos individuais para obter sucesso eleitoral, as respostas dos entrevistados focalizam a estruturação e o funcionamento dos gabinetes parlamentares como estratégias centrais de maximização eleitoral. A valorização das bases eleitorais se efetiva pela prática organizativa do mandato e por meio da rotina do deputado, que dedica seu tempo mais às bases do que à produção legislativa.

Em média, os deputados petistas dedicam 11,67 dias por mês, fora da Câmara, e 2,82 horas por dia, dentro dela, ao atendimento das bases. A importância estratégica dos movimentos sociais que se constituem em bases dos deputados verifica-se na política de contratação de assessores: mais de 60% dos deputados afirmaram ter contratado funcionários por indicação de movimentos sociais ou outras organizações — em alguns gabinetes, todos os funcionários foram escolhidos por esse critério.

Os parlamentares reforçam seus vínculos com esses movimentos por meio da política de contratação de seus gabinetes e do atendimento de suas demandas, sem criar atritos com qualquer outra instância partidária, nem infringir normas internas. Partilhando da estratégia coletiva de fortalecimento da legenda e da construção de um partido visto como diferenciado, os deputados, ao mesmo tempo, adotam estratégias eleitorais individuais.

Os resultados da pesquisa indicam que a inclusão de propostas de alocação de recursos do Orçamento direcionadas para grupos específicos é uma parte subsidiária da relação dos deputados petistas com suas bases. Os motivos mais freqüentes apontados através do somatório de primeiras e segundas opções foram a solicitação da presença do parlamentar junto às bases e o pedido de ajuda para resolver problemas de organizações.

Tal perspectiva coaduna-se com a conclusão a que chegaram Argelina Figueiredo e Fernando Limongi, que afirmam:

> A lógica da competição político-partidária na arena eleitoral não entra em conflito com a acomodação desses pleitos individuais. Como a análise das leis eleitorais revela, não há uma oposição pura e simples entre o interesse individual e o partidário. (...) Partidos desempenham um papel crucial para balancear as demandas diversas e conflitantes de suas clientelas eleitorais por bens particulares e coletivos.[69]

Mesmo diante da associação entre ter como base eleitoral uma cidade ou região e dar prioridade à busca de recursos orçamentários, em geral a posição modal da opção referente ao Orçamento como motivo para que o deputado seja procurado foi apenas a quarta. Foram mais importantes as opções referentes ao relacionamento dos deputados com as organizações com que mantêm relações de representação (inclusive do ponto de vista eleitoral).

---

[69] Figueiredo e Limongi, 2002:334.

Por outro lado, o apoio à resolução de problemas pessoais e os pedidos de colaboração financeira ocupam as últimas posições como motivos pelos quais as bases os procuram, sendo os atendimentos individual e material vistos como atividades com *status* inferior.

Reforçando os vínculos representativos com os movimentos sociais — através da dedicação de atenção e tempo às demandas das bases —, efetiva-se a conexão eleitoral do deputado, mesmo que não seja possível fazê-lo por meio de atividades legislativas clássicas, como a proposição de leis ou a luta por recursos orçamentários.

Débora Messenberg, ao analisar as elites parlamentares pós-1988, destaca que mesmo esses parlamentares apresentaram pouca produção legislativa:

> No que tange à produção legislativa do CN e à de iniciativa particular da elite, merece inicialmente destaque o baixo índice de aprovação de proposições apresentadas pelos parlamentares, em comparação ao registrado entre os projetos de iniciativa do Executivo. A par da preponderância deste último poder na elaboração das leis do país, outro fator explicativo para a reduzida aprovação de projetos de iniciativa parlamentar relacionava-se à profusão de matérias que serviam para a demonstração pública do interesse dos congressistas para o "bem-estar" de suas bases eleitorais, ou mesmo enquanto prestações de contas em termos da intensidade do trabalho por eles desenvolvido no interior do CN.[70]

Este é o cenário: um partido que controla a atividade parlamentar da bancada e não vê como legítimos atendimentos clientelistas individuais; candidatos que precisam reforçar seus diferenciais em busca do sucesso eleitoral; uma realidade que os obriga à conjugação de projetos partidários e de pretensões individuais. É na aproximação com os movimentos sociais organizados que se manifesta a principal escolha estratégica da maioria da bancada petista, configurando um mandato de serviços voltados para o atendimento de organizações, e não de indivíduos.

Compreender melhor essa realidade é crucial não só para perceber o que o PT foi em sua história, mas também para situar adequadamente os dilemas que enfrentará no futuro. Hoje, talvez a chave para o entendimento da rebeldia de quase um terço da bancada de deputados federais do PT em relação às decisões econômicas do governo Lula seja a análise dessas conexões eleitorais.

A garantia de que a diversidade petista é passível de se enquadrar como unidade de ação — algo que historicamente marcou as bancadas do PT — dependerá de como os projetos do partido no governo e as conexões eleitorais dos parlamentares chegarão a um ponto de equilíbrio. Desse equilíbrio dependerá a sobrevivência da unidade petista como partido ou, ao contrário, dessa falta de equilíbrio podem resultar cismas, cujos impactos ameaçariam a continuidade do PT tal como ele tem sido há mais de duas décadas.

---

[70] Messenberg, 2002:136-137.

Referências bibliográficas

ALMEIDA, Gelsom Rozentino de. *História de uma década quase perdida:* 1979-1989. 2000. Tese (Doutorado em História) — Universidade Federal Fluminense, Niterói, 2000. 2v.

ALMEIDA, Jorge. *Como vota o brasileiro;* perfil ideológico do eleitor e evolução do voto nas pesquisas de opinião de 1994. 2. ed. São Paulo: Xamã, 1996.

———; VIEIRA, Maria Alice; CANCELLI, Vitória. *Resoluções de encontros e congressos (1979-1998):* Partido dos Trabalhadores. São Paulo: Fundação Perseu Abramo, 1998.

ALONSO, Sérgio Fernandes. *A espacialidade do Partido dos Trabalhadores.* 1993. Dissertação (Mestrado em Geografia) — Universidade Federal do Rio de Janeiro, Rio de Janeiro, 1993.

ALVIM, Joaquim Leonel de Rezende. *O projeto de participação popular da administração municipal de São Paulo sob a gestão do PT (1989-1990):* uma tentativa de mudança na representação política. 1991. Dissertação (Mestrado em Ciências Jurídicas) — Pontifícia Universidade Católica do Rio de Janeiro, Rio de Janeiro, 1991.

AMARAL, Oswaldo E. do. *A estrela não é mais vermelha;* as mudanças do programa petista nos anos 90. São Paulo: Garçoni, 2003.

AMES, Barry. A organização partidária local nas eleições presidenciais brasileiras de 1989. *Dados,* v. 37, n. 1, p. 4-41, 1994.

———. Electoral rules, constituency pressures, and pork barrel: bases of voting in the Brazilian Congress. *The Journal of Politics,* v. 57, n. 2, p. 324-343, 1995a.

_____. Electoral strategy under open-list proportional representation. *American Journal of Political Science,* v. 39, n. 2, p. 406-433, 1995b.

AMORIM NETO, Octavio; SANTOS, Fabiano. A produção legislativa do Congresso — entre a paróquia e a nação. In: VIANNA, Luiz Werneck (Org.). *A democracia e os três poderes no Brasil.* Belo Horizonte: UFMG; Rio de Janeiro: Iuperj/Faperj, 2002.

AZEVEDO, Clóvis Bueno. *Leninismo e social-democracia:* uma investigação sobre o projeto político do Partido dos Trabalhadores. 1991. Dissertação (Mestrado em Ciência Política) — Universidade de São Paulo, São Paulo, 1991.

BARRY, Brian. *Political argument.* 5. ed. New York: The Humanities Press, 1976.

BAUDRILLARD, Jean. *Partidos comunistas:* paraísos artificiais da política. Rio de Janeiro: Rocco, 1985.

BENEVIDES, Maria Victoria; DUTRA, Olívio. *Orçamento participativo e socialismo.* São Paulo: Fundação Perseu Abramo, 2001.

BEZERRA, Marcos Otávio. *Em nome das bases:* política, favor e dependência pessoal. Rio de Janeiro: Relume-Dumará, Núcleo de Antropologia da Política, 1999.

BOBBIO, Norberto. *Estado, governo, sociedade:* para uma teoria geral da política. 2. ed. São Paulo: Paz e Terra, 1988.

_____; MATTEUCCI, Nicola; PASQUINO, Gianfranco. *Dicionário de política.* 7. ed. Brasília: UnB, 1995. 2v.

BOGDANOR, Vernon. *Representatives of the people?* Aldershot: Gower, 1985.

BRANDÃO, Gildo Marçal. *A esquerda positiva;* as duas almas do partido comunista (1920-1964). São Paulo: Hucitec, 1997.

BURKE, Edmund. Discurso aos eleitores de Bristol. In: WEFFORT, Francisco (Org.). *Os clássicos da política.* 10. ed. São Paulo: Ática, 2002. 2v.

CADERNO de resoluções do II Congresso Nacional do PT. s.l., s.ed., 1999. (Publicação interna do PT.)

CALMON, Francisco Celso. *Seqüestro moral:* e o PT com isso? Rio de Janeiro: DP&A, 1997.

CAMPILONGO, Celso Fernandes. *Representação política.* São Paulo: Ática, 1988.

CANCELLI, Vitória. O II Congresso e os desafios do Partido dos Trabalhadores. In: *I Caderno de Debates:* o que está em jogo neste II Congresso. 1999. (Publicação interna do PT.)

CAREY, John; SHUGART, Matthew. Incentives to cultivate a personal vote: a rank ordering of electoral formulas. *Electoral Studies,* v. 14, n. 4, p. 417-439, 1995.

CARONE, Edgard. *O PCB.* São Paulo: Difel, 1982. 2v.

CARVALHO, Lourival de. *O PT na construção do futuro.* Rio de Janeiro: [s. ed.], 1988.

CARVALHO, Maria Izabel V. de; SAMPAIO, Úrsula. *Partido político, movimentos sociais e grupos políticos:* o caso do PT-DF. Texto apresentado no GT12 (Partidos Políticos e Comportamento Eleitoral) do Encontro da Anpocs realizado em Caxambu, out. 1996.

CARVALHO, Nelson Rojas de. Peço a palavra: primeiro nós! *Inteligência*, edição especial, p. 89-96, nov. 1999/abr. 2000.

CÉSAR, Benedito Tadeu. *Verso, reverso, transverso:* o PT e a democracia no Brasil. 1995. Tese (Doutorado em Sociologia) — Instituto de Filosofia e Ciências Humanas/Universidade Estadual de Campinas, Campinas, 1995.

CHINAGLIA, Arlindo; FERRO, Fernando; FASSARELA, João. PT para mobilizar e dirigir. In: *I Caderno de Debates:* o que está em jogo neste II Congresso. 1999. (Publicação interna do PT.)

COUTINHO, Carlos Nelson. *A democracia como valor universal.* 2. ed. Rio de Janeiro: Salamandra, 1984.

COUTO, Cláudio G. *O desafio de ser governo:* o PT na Prefeitura de São Paulo (1989-1992). São Paulo: Paz e Terra, 1995.

COX, Gary. *The efficient secret:* the Cabinet and the development of political parties in Victorian England. Cambridge: Cambridge University Press, 1987.

CREPAZ, Markus. Consensus versus majoritarian democracy: political institutions and their impact in macroeconomic performance and industrial disputes. *Comparative Politics*, v. 29, n. 1, p. 4-26, 1996.

CRUZ, Gisele dos Reis. *Utopia revolucionária versus realismo político:* o dilema do PT na ótica dos dirigentes fluminenses. 1997. Dissertação (Mestrado em Antropologia e Ciência Política) — Instituto de Ciências Humanas e Filosofia/Universidade Federal Fluminense, Niterói, 1997.

DAHL, Robert. *Um prefácio à teoria democrática.* Rio de Janeiro: Jorge Zahar, 1989.

DIAS, Marcia Ribeiro. *Sob o signo da vontade popular* — o orçamento participativo e o dilema da Câmara Municipal de Porto Alegre. Belo Horizonte: UFMG; Rio de Janeiro: Iuperj, 2002.

DINIZ, Eli. Clientelismo urbano: ressuscitando um antigo fantasma? *Novos Estudos Cebrap*, v. 1, n. 4, p. 21-26, 1982.

———. Crise política, eleições e dinâmica partidária no Brasil: um balanço histórico. *Dados*, v. 32, n. 3, p. 323-340, 1989.

DIRCEU, José; GARCIA, Marco Aurélio. O II Congresso do PT e a construção de um novo Brasil. In: *I Caderno de Debates:* o que está em jogo neste II Congresso. 1999. (Publicação interna do PT.)

DOWNS, Anthony. *An economic theory of democracy.* New York: Harper & Row, 1957.

DUVERGER, Maurice. *Os partidos políticos.* Rio de Janeiro: Zahar; Brasília: UnB, 1980.

FERNANDES, Florestan. *O PT em movimento.* São Paulo: Cortez, Autores Associados, 1991.

FERREIRA NETO, Edgard Leite. *Os partidos políticos no Brasil.* São Paulo: Contexto, 1995.

FIGUEIREDO, Argelina Cheibub; LIMONGI, Fernando. Incentivos eleitorais, partidos e política orçamentária. *Dados,* v. 45, n. 2, p. 303-344, 2002.

FIORIN, José Luiz. *Linguagem e ideologia.* 5. ed. São Paulo: Ática, 1997.

──────. *Elementos de análise de discurso.* São Paulo: Contexto, 1999.

FISCHER, Nilton B.; MOLL, Jaqueline. *Por uma nova esfera pública:* a experiência do orçamento participativo. Petrópolis: Vozes, 2000.

FLEISCHER, David. V. *Os partidos políticos no Brasil.* Brasília: UnB, 1981. 2v.

FURTADO, Olavo Henrique Pudenci. *Trajetos e perspectivas social-democratas:* do modelo europeu para o PSDB e o PT no Brasil. 1996. Dissertação (Mestrado em Ciência Política) — Instituto de Filosofia e Ciências Humanas/Universidade Estadual de Campinas, Campinas, 1996.

GADET, Françoise; HAK, Tony. *Por uma análise automática da análise de discurso:* uma introdução à obra de Michel Pêcheux. Campinas: Unicamp, 1997.

GADOTTI, Moacir; PEREIRA, Otaviano. *Pra que PT:* origem, projeto e consolidação do Partido dos Trabalhadores. São Paulo: Cortez, 1989.

GAGLIETTI, Mauro. *PT:* ambivalências de uma militância. Porto Alegre: Dacasa, Unicruz, 1999.

GARCIA, Cyro. *Partido dos Trabalhadores:* rompendo com a lógica da diferença. 2000. Dissertação (Mestrado em História) — Instituto de Ciências Humanas e Filosofia/Universidade Federal Fluminense, Niterói, 2000.

GENOÍNO, José; DUARTE, Ozeas. Programa: a centralidade do Congresso. In: *I Caderno de debates:* o que está em jogo neste II Congresso. 1999. (Publicação interna do PT.)

GENRO, Tarso. Combinar democracia direta e democracia representativa. In: *Desafios do governo local:* o modo petista de governar. São Paulo: Fundação Perseu Abramo, 1997.

──────. Co-gestão: reforma democrática do Estado. In: FISCHER, Nilton B.; MOLL, Jaqueline (Orgs.). *Por uma nova esfera pública:* a experiência do orçamento participativo. Petrópolis: Vozes, 2000.

──────; SOUZA, Ubiratan de. *Orçamento participativo:* a experiência de Porto Alegre. São Paulo: Fundação Perseu Abramo, 1997.

──────; RODRIGUES, Edmilson; DIRCEU, José. *Instituições políticas no socialismo.* São Paulo: Fundação Perseu Abramo, 2001.

GROFMAN, Bernard; LIJPHART, Arend. *Electoral laws and their political consequences.* New York: Agathon Press, 1987.

GURGEL, Claudio. *Estrelas e borboletas:* origens e questões de um partido a caminho do poder. Rio de Janeiro: Papagaio, 1989.

HADDAD, Fernando. *Desorganizando o consenso;* nove entrevistas com intelectuais à esquerda. São Paulo: Fundação Perseu Abramo; Petrópolis: Vozes, 1998.

HAIMAN, Franklyn S. A tale of two countries: media and messages of the 1988 French and American presidencial campaigns. In: KAID, Lynda; GERSTLÉ, Jacques; SANDERS, Keith (Eds.). *Mediated campaigning in the United States and France.* New York: Praeger, 1991.

HALL, Richard. *Participation in Congress.* New Haven: Yale University Press, 1996.

HARNECKER, Marta. *O sonho era possível:* a história do Partido dos Trabalhadores narrada por seus protagonistas. Havana: Mepla; São Paulo: Casa América Livre, 1994.

HOLBROOK, Thomas. *Do campaigns matter?* Thousand Oaks: Sage, 1996.

HUBBER, John; POWELL JR., Bingham. Congruence between citizens and policymakers in two visions of democracy. *World Politics,* n. 46, p. 291-326, 1994.

JACOBI, Pedro R. Alcances de limites de governos locais progressistas no Brasil — as prefeituras petistas. *Cadernos Cedec,* n. 34, p. 2-29, 1994.

KAID, Lynda; GERSTLÉ, Jacques; SANDERS, Keith. *Mediated campaigning in the United States and France.* New York: Praeger, 1988.

KATZ, Richard; MAIR, Peter. *How parties organize;* change and adaptation in party organizations in Western democracies. London: Sage, 1994.

——. Changing models of party organization and party democracy — the emergence of the cartel party. *Party Politics,* v. 1, n. 1, p. 5-28, 1995.

KECK, Margareth Elizabeth. *PT: a lógica da diferença;* o Partido dos Trabalhadores na construção da democracia brasileira. São Paulo: Ática, 1991.

KING, Gary; KEOHANE, Robert; VERBA, Sidney. *Designing social inquiry;* scientific inference in qualitative research. Princeton: Princeton University Press, 1994.

KIRCHHEIMER, Otto. The catch-all party. In: MAIR, Peter (Ed.). *The West European party system.* Oxford: Oxford University Press, 1990.

KITSCHELT, Herbert. *The logics of party formation:* ecological politics in Belgium and West Germany. Ithaca: Cornell University Press, 1989.

KONDER, Leandro; BETTO, Frei. *O indivíduo no socialismo.* São Paulo: Fundação Perseu Abramo, 2001.

KUSCHNIR, Karina. *O cotidiano da política.* Rio de Janeiro: Jorge Zahar, 2000.

LAMOUNIER, Bolívar. *Partidos e utopias no Brasil no limiar dos anos 90*. São Paulo: Loyola, 1989.

———; MENEGUELLO, Rachel. *Partidos políticos e consolidação democrática:* o caso brasileiro. São Paulo: Brasiliense, 1986.

LAVAREDA, Antônio. *A democracia nas urnas;* o processo eleitoral brasileiro. Rio de Janeiro: Iuperj, Rio Fundo, 1991.

LAWSON, Kay; MERKL, Peter. *When parties fail;* emerging alternative organizations. Princeton: Princeton University Press, 1991.

LeDUC, Lawrence; NIEMI, Richard; NORRIS, Pippa. *Comparing democracies;* elections and voting in global perspective. London: Sage, 1996.

———. *Comparing democracies 2;* new chalenges in the study of elections and voting. London: Sage, 2002.

LEMOS, Leany B. de S. O Congresso Brasileiro e a distribuição de benefícios sociais no período 1988-1994: uma análise distributivista. *Dados*, v. 44, n. 3, p. 561-605, 2001.

LIJPHART, Arend. *As democracias contemporâneas*. Lisboa: Gradiva, 1989.

———. *Democracies II:* forms of government and government performance in thirty six countries. 1996. ms.

———. Unequal participation: democracy's unresolved dilemma. *American Political Science Review*, v. 91, n. 1, p.1-14, 1997.

LIMA, Gilson. *Uma aventura responsável:* novos desafios das administrações populares. Porto Alegre: Sagra, DC Luzzatto, 1993.

LIMA JR., Olavo Brasil. *Democracia e instituições políticas no Brasil dos anos 80*. São Paulo: Loyola, 1993.

———. *Instituições políticas democráticas;* o segredo da legitimidade. Rio de Janeiro: Jorge Zahar, 1997a.

———. *O sistema partidário brasileiro*. Rio de Janeiro: FGV, 1997b.

LIMONGI, Fernando. O novo institucionalismo e os estudos legislativos. *BIB*, n. 37, p. 3-38, 1994.

———; FIGUEIREDO, Argelina. Partidos políticos na Câmara dos Deputados: 1989-1994. *Dados*, v. 38, n. 3, p. 497-525, 1995.

MADEIRA, João. *Os engenheiros de almas:* o Partido Comunista e os intelectuais. Lisboa: Estampa, 1996.

MAGALHÃES, Inês; BARRETO, Luiz; TREVAS, Vicente. *Governo e cidadania;* balanço e reflexões sobre o modo petista de governar. São Paulo: Fundação Perseu Abramo, 1999.

MAINWARING, Scott; PÉREZ LIÑAN, Aníbal. Party discipline in the Brazilian Constitutional Congress. *Legislative Studies Quarterly*, v. 22, n. 4, p. 453-483, 1997.

———; SCULLY, Timothy R. A institucionalização dos sistemas partidários na América Latina. *Dados*, v. 37, n. 1, p. 43-79, 1994.

MAIR, Peter. *The West European party system*. Oxford: Oxford University Press, 1990.

MANIN, Bernard. *The principles of representative government*. Cambridge: Cambridge University Press, 1997.

MARSH, Michael. The voters decide? Preferencial voting in European list systems. *European Journal of Political Research*, n. 13, p. 365-378, 1985.

———. Introduction: selecting the party leader. *European Journal of Political Research*, n. 24, p. 229-231, 1993.

MAYHEW, David. R. *Congress:* the electoral connection. New Haven: Yale University Press, 1974.

MELLO, Carlos Ranulfo Felix de. Partidos e migração partidária na Câmara dos Deputados. *Dados*, v. 43, n. 2, p. 207-239, 2000.

MELO, Ana Lúcia Aguiar. *A ação política do Partido dos Trabalhadores e a busca do equilíbrio*. 1998. Dissertação (Mestrado em Ciência Política) — Universidade Federal de Santa Maria, Santa Maria, 1998.

MENEGUELLO, Rachel. *PT:* a formação de um partido (1979-1982). São Paulo: Paz e Terra, 1989.

MESSENBERG, Débora. *A elite parlamentar do pós-Constituinte;* atores e práticas. São Paulo: Brasiliense, 2002.

MICHELS, Robert. *Political parties;* a sociological study of the oligarchical tendencies of modern democracy. New York: Free Press, 1962.

MILLER, Warren; STOKES, Donald. Constituency influence in Congress. *American Political Science Review*, n. 57, 1963.

MILLER, William; NIEMI, Richard. Voting: choice, conditioning, and constraint. In: LEDUC, Lawrence; NIEMI, Richard; NORRIS, Pippa (Eds.). *Comparing democracies 2;* new challenges in the study of elections and voting. London: Sage, 2002.

NICOLAU, Jairo Marconi. *Sistema eleitoral e reforma política*. Rio de Janeiro: Foglio, 1993.

———. *Sistemas eleitorais*. Rio de Janeiro: FGV, 1999.

———. Disciplina partidária e base parlamentar na Câmara dos Deputados no primeiro governo Fernando Henrique Cardoso (1995-1998). *Dados*, v. 43, n. 4, p. 709-735, 2000.

———. Como controlar o representante? Considerações sobre as eleições para a Câmara dos Deputados no Brasil. *Dados*, v. 45, n. 2, p. 219-236, 2002a.

———. *História do voto no Brasil*. Rio de Janeiro: Jorge Zahar, 2002b.

NORRIS, Pippa. *Electoral engineering:* voting rules and political behavior. Cambridge: Cambridge University Press, 2003.

NOVAES, Carlos Alberto Marques. PT: dilemas da burocratização. *Novos Estudos Cebrap*, n. 35, p. 217-237, 1993.

———. Dinâmica institucional da representação — individualismo e partidos na Câmara dos Deputados. *Novos Estudos Cebrap*, n. 38, p. 99-147, 1994.

PANEBIANCO, Angelo. *Political parties:* organization and power. Cambridge: Cambridge University Press, 1988.

PEREIRA, Carlos; RENNÓ, Lúcio. O que é que o reeleito tem? Dinâmicas político-institucionais locais e nacionais nas eleições de 1998 para a Câmara dos Deputados. *Dados*, v. 44, n. 2, p. 323-362, 2001.

PETIT, Pere. *A esperança equilibrista:* a trajetória do PT no Pará. São Paulo: Jinkings; Belém, Núcleo de Altos Estudos Amazônicos/Universidade Federal do Pará, 1996.

PITKIN, Hanna. *The concept of representation*. Berkeley: University of California Press, 1967.

PIVEN, Frances Fox. *Labor Party in postindustrial societies*. Cambridge: Polity Press, 1991.

PIZZORNO, Alessandro. Interests and parties in pluralism. In: BERGER, Suzane; SCHMITTER, Philippe (Eds.). *Organizing interests in Western Europe*. Cambridge: Cambridge University Press, 1981.

PONT, Raul. O papel dos governos petistas no projeto partidário. In: MAGALHÃES, Inês; BARRETO, Luiz; TREVAS, Vicente (Orgs.). *Governo e cidadania;* balanço e reflexões sobre o modo petista de governar. São Paulo: Fundação Perseu Abramo, 1999.

PONTUAL, Pedro; SILVA, Carla Cecília R. Almeida. Participação popular nos governos petistas: trajetórias, mecanismos e caráter. In: MAGALHÃES, Inês; BARRETO, Luiz; TREVAS, Vicente (Orgs.). *Governo e cidadania;* balanço e reflexões sobre o modo petista de governar. São Paulo: Fundação Perseu Abramo, 1999.

POPKIN, Samuel. *The reasoning voter*. Chicago: University of Chicago Press, 1991.

PRZEWORSKI, Adam. *Capitalismo e social-democracia*. São Paulo: Companhia das Letras, 1989.

———; SPRAGUE, John. *Paper stones:* a history of electoral socialism. Chicago: University of Chicago Press, 1986.

PT (PARTIDO DOS TRABALHADORES). *Estatuto*. 2001.

———. *Resolução sobre política de alianças*. Diretório Nacional do PT, 2002. (Documento para circulação interna.)

RODRIGUES, Leôncio Martins. *Partidos e sindicatos;* escritos de sociologia política. São Paulo: Ática, 1990.

ROSE, Richard; MACKIE, Thomas T. Do parties persist or fail? The big trade-off facing organizations. In: LAWSON, Kay; MERKL, Peter (Eds.). *When parties fail:* emerging alternative organizations. Princeton: Princeton University Press, 1991.

SADER, Emir. *E agora, PT? Caráter e identidade.* São Paulo: Brasiliense, 1986a.

———. O que é que está escrito na estrela?. In: SADER, Emir (Org.). *E Agora, PT? Caráter e identidade.* São Paulo: Brasiliense, 1986b.

———. *Idéias para uma alternativa de esquerda à crise brasileira.* Rio de Janeiro: Relume-Dumará, 1993a.

———. O poder, cadê o poder?. In: SADER, Emir (Org.). *Idéias para uma alternativa de esquerda à crise brasileira.* Rio de Janeiro: Relume-Dumará, 1993b.

———. A esquerda brasileira frente ao Estado. In: HADDAD, Fernando (Org.). *Desorganizando o consenso;* nove entrevistas com intelectuais à esquerda. São Paulo: Fundação Perseu Abramo; Petrópolis: Vozes, 1998.

SAMUELS, David. Determinantes do voto partidário em sistemas eleitorais centrados no candidato: evidências sobre o Brasil. *Dados,* v. 40, n. 3, p. 493-535, 1997.

———. Ambition and competition: explaining Legislative turnover in Brazil. *Legislative Studies Quarterly,* v. 25, n. 3, p. 481-497, 2000.

SANTOS, Fabiano. Microfundamentos do clientelismo político no Brasil: 1959-1963. *Dados,* v. 38, n. 3, p. 459-496, 1995.

———. Patronagem e poder de agenda na política brasileira. *Dados,* v. 40, n. 3, p. 465-492, 1997.

———. *O Poder Legislativo nos estados:* diversidade e convergência. Rio de Janeiro: FGV, 2001.

SARTI, Ingrid. *Representação e a questão democrática contemporânea:* o mal-estar dos partidos socialistas. 1998. Tese (Doutorado em Ciências Humanas) — Instituto Universitário de Pesquisas do Rio de Janeiro, Rio de Janeiro, 1998.

SARTORI, Giovanni. *Partidos e sistemas partidários.* Rio de Janeiro: Zahar, 1982.

———. *A teoria da democracia revisitada.* São Paulo: Ática, 1994. 2v.

———. *Engenharia constitucional:* como mudam as Constituições. Brasília: UnB, 1996.

SCARROW, Susan E. The "paradox of enrollment": assessing the costs and benefits of party memberships. *European Journal of Political Research,* v. 25, p. 41-60, 1994.

SCHMIDT, Manfred. When parties matter: a review of the possibilities of limits of partisan influence on public policy. *European Journal of Political Research,* v. 30, n. 2, p. 155-183, 1996.

SCHMITT, Rogério. *Partidos políticos no Brasil (1945-2000).* Rio de Janeiro: Jorge Zahar, 2000.

———; CARNEIRO, Leandro Piquet; KUSCHNIR, Karina. Estratégias de campanha no horário gratuito de propaganda eleitoral em eleições proporcionais. *Dados,* v. 42. n. 2, p. 277-301, 1999.

SIMÕES, Júlio Assis. *O dilema da participação popular;* a etnografia de um caso. São Paulo: Anpocs, Marco Zero, 1992.

SINGER, André. *O PT* — Folha explica. São Paulo: Publifolha, 2001.

SINGER, Paul; MACHADO, João. *Economia socialista.* São Paulo: Fundação Perseu Abramo, 2001.

SOUZA, Isabel Ribeiro de Oliveira Gómez de. *Trabalho e política;* as origens do Partido dos Trabalhadores. Petrópolis: Vozes, 1983.

STROM, Kaare. A behavioral theory of competitive political parties. *American Journal of Political Science,* v. 34, n. 2, p. 565-598, 1990.

TAVARES, José Antônio Giusti. *Sistemas eleitorais nas democracias contemporâneas:* teoria, instituições, estratégia. Rio de Janeiro: Relume-Dumará, 1994.

———. O PT e a concepção totalitária de democracia. In: TAVARES, J. A. G. (Org.). *Totalitarismo tardio;* o caso do PT. Porto Alegre: Mercado Aberto, 2000a.

———. *Totalitarismo tardio;* o caso do PT. Porto Alegre: Mercado Aberto, 2000b.

TAVARES, Maria da Conceição; SADER, Emir; JORGE, Eduardo. *Globalização e socialismo.* São Paulo: Fundação Perseu Abramo, 2001.

VIANNA, Luiz Werneck. *Liberalismo e sindicato no Brasil.* 4. ed. Belo Horizonte: UFMG, 1994.

———. *A democracia e os três poderes no Brasil.* Belo Horizonte: UFMG; Rio de Janeiro: Iuperj, Faperj. 2002.

WATTENBERG, Martin. *The rise of candidate-centered politics;* presidential elections of the 1980s. Cambridge, Mass.: Harvard University Press, 1991.

WEFFORT, Francisco. *Os clássicos da política.* 10. ed. São Paulo: Ática, 2002.

Esta obra foi impressa pela
Markgraph Gráfica e Editora Ltda. em papel off set
Bahia Sul para a Editora FGV
em Fevereiro de 2005.